投资者法律保护与股票市场发展关系问题属于金融发展理论中探讨金融发展决定因素的研究范畴,是金融发展理论中最具前沿性的研究领域之一。

中国投资者法律保护与股票市场发展
——基于上市公司的视角

马 腾 著

·郑州·

图书在版编目(CIP)数据

中国投资者法律保护与股票市场发展:基于上市公司的视角/马腾著. —郑州:河南大学出版社,2013.12
ISBN 978-7-5649-1439-4

Ⅰ.①中… Ⅱ.①马… Ⅲ.①证券法—研究—中国②股票市场—经济发展—研究—中国③上市公司—投资—经济行为—研究—中国 Ⅳ.①D922.287.4②F832.51

中国版本图书馆CIP数据核字(2013)第318418号

责任编辑 薛建立
责任校对 柴桂玲
封面设计 郭 灿

出 版	河南大学出版社
	地址:郑州市郑东新区商务外环中华大厦2401号 邮编:450046
	电话:0371—86059735 网址:www.hupress.com
排 版	郑州市今日文教印制有限公司
印 刷	郑州市今日文教印制有限公司
版 次	2013年12月第1版 印 次 2013年12月第1次印刷
开 本	710mm×1000mm 1/16 印 张 14
字 数	163千字 定 价 42.00元

(本书如有印装质量问题,请与河南大学出版社营销部联系调换)

作者近照

作者简介

马腾,男,河南嵩县人,1970年8月生。1992年、2001年和2011年分别在郑州大学、武汉理工大学及中南财经政法大学获经济学学士、硕士和博士学位(金融学专业)。现任洛阳理工学院会计学系副主任、副教授。现为中国区域经济学会会员、洛阳市重点人文社科重点研究基地"洛阳市投融资研究中心"

及"洛阳市经济社会发展研究中心"研究员,兼任洛阳市投融资研究中心融资研究所负责人。

  主要研究领域为公司金融、金融发展等。代表性研究成果有:《论金融危机救援中私人机构的最后贷款人功能》、《中小企业集合债券增信措施比较研究》、《银行集团内部交易监管的国际经验及启示》、《刍议我国当前的支农再贷款政策》、《我国银行集团资本充足率并表监管问题研究》等十余篇相关学术论文发表在《上海金融》、《特区经济》等CSSCI、中文核心期刊和有影响的学术杂志上,主持完成河南省政府决策项目《完善河南省中小企业集合债券发行制度的对策研究》、河南省教育厅人文社科项目《河南省发行中小企业集合债券相关问题研究》以及洛阳市政府委托项目《洛阳嵩县产业集聚区建设问题与对策研究》、《洛宁县"承接产业转移"研究报告》、《洛阳市国有企业改制中产权交易问题研究》、《出口退税新制问题与对策研究》等,编著《财政与金融》、《国际金融》、《财务会计学》等三本教材。

摘　　要

　　投资者法律保护与股票市场发展关系问题属于金融发展理论中探讨金融发展决定因素的研究范畴，是金融发展理论中最具前沿性的研究领域之一。因而，对我国投资者法律保护与股票市场发展关系进行深入研究具有重要的理论意义。虽然我国股票市场发展已取得长足进步，但实践中还存在许多问题，最为突出的是大量存在上市公司控股股东通过直接或间接地占用、关联交易、非法担保等形式掠夺中小股东利益、攫取控制权私人收益的现象，这将增加上市公司的代理成本，降低公司价值，严重阻碍股票市场正常功能的发挥和健康发展。从本质上讲，上市公司控股股东攫取控制权私人收益现象的大量存在是由于法律对中小投资者利益保护水平较低，不能从外部治理或外部约束方面限制或制约控股股东的侵权行为。因而，从投资者法律保护角度研究我国股票市场发展具有重要的现实意义。

　　自从 LLSV 开创从投资者法律保护角度研究股票市场发展的研究范式以来，国内外许多学者进行了大量的后续研究，但大多数是跨国静态比较研究，或直接用两者的实际数据实证说明其关系。另外，对上市公司股权结构、控制权私人收益、公司价值的研究很少与投资者法律保护、股票市场发展联系起来,往往是就单个问题进行分析。笔者尝试将投资者法律保护、上市公司股权结构(或股权集中度)、控制权私人收益及股票市场发展纳入统一的框架进行分析,并以此说明我国投资者法律保护对我国股票市场发展的决定作用。其逻辑关系如下:一国投资者法律保护程度低,将导致上市公司股权结构集中,而集中的股权结构及较低的投资者法律保护水平将产生较高的控制权私人收益水平,这就增加了公司的代理成本,降低了公司价值,阻碍了股票市场的健康发展。另外,从时间的纵向角度实证分析投资者法律保护与上市公司价值的关系也可以验证投资者法律保护对股票市场发展的影响和作用。本书以上市公司股权结构、控制权私人收益、公司价值为研究的中间变量。

基于上述研究思路的逻辑分析,笔者通过构建模型的方法厘清了相关变量之间的关系,重点介绍和评析了投资者法律保护、控制权私人收益、公司价值与股票市场发展关系,以及 Edwards 和 Weichenrieder(1999)、LLSV(2002)的理论模型。关于 Edwards 和 Weichenrieder(1999)提出的上市公司股权结构、控制权私人收益与公司价值之间关系的理论模型,笔者指出其不足之处在于没有将投资者法律保护这一重要的外部治理变量纳入其中、没有得出明晰的结论等。关于 LLSV(2002)提出的投资者法律保护、存在控股股东的股权结构和公司价值之间相互关系的理论模型,笔者指出其没有区分上市公司控制权和现金流权的分离对控制权私人收益、公司价值的影响。在克服上述模型不足的基础上,笔者构建了投资者法律保护、控制权私人收益与股票市场发展之间关系的分析模型并推导出了清晰的结论。根据模型推导的结论,笔者提出了五个研究假设并以此统领本书的研究思路。

基于以上认识,本书分析框架的安排如下:第一,从时间的纵向角度分析和度量我国投资者法律保护水平及其变化趋势;第二,实证研究我国上市公司股权结构及股权集中度的变化趋势,用上市公司股权集中度的现状分析判断我国上市公司存在的主要代理成本类型,上市公司股权集中度的变化趋势与投资者法律保护之间的关系的分析则说明投资者法律保护的作用;第三,在股权集中的假定被证实的前提下,分析判断上市公司控制权私人收益的水平及其与投资者法律保护的关系;第四,实证研究投资者法律保护与上市公司价值、股票市场发展的关系;第五,在以上分析的基础上,明确我国投资者法律保护与股票市场发展的关系并提出有针对性及前瞻性的政策建议。

研究结论表明:我国投资者法律保护水平呈现出随时间的推移不断提高的趋势,比较研究的结论表明我国投资者法律保护水平仍然较低;我国上市公司股权集中度基本上呈现逐步下降趋势,只是在2008～2010年有小幅度的回升,国别比较表明我国上市公司股权集中度较高及上市公司的主要代理成本是控股股东掠夺控制权私人收益,我国投资者法律保护程度与上市公司股权集中度呈现反方向的变化关系;我国上市公司控制权私人收益水平的均值为18.561%,比较研究结论表明,我国上市公司控制权私人收益水平较高,我国控制权私人收益水平的变化趋势呈现阶段性的特点,这与投资者保护法律法规的实施及控制权市场发展状况有关,随着我国投资者法律保护水平的提高,上市公司控股股东获得控制权私人收益的水平在下降;控制权和所有权的分离度指标与控制权私人收益水平呈现不显著同方向变化的关系;我国投资者法律保护水平和上市公司价值正相关,即随着投资者法律保护程度的提高,股票市场的发展水平增高。

　　基于上述研究结论,本书最后提出了促进我国股票市场发展的三个政策建议:应进一步完善投资者法律保护制度和提高执法效率,采取措施促进我国控制权市场的完善与发展,从优化公司治理结构着手抑制控制权私人收益。

ABSTRACT

The relationship between the legal protection of investors and the development of stock market belongs to the category of financial determinants' factors in the financial development theory, which is one of the most cutting-edge research areas. So, it has important theoretical significance that we study the relationship between the legal protection of investors and the development stock market in China. Although China's stock market has made great progress, there are still many problems in practice, in which the most prominent is the existence of the phenomenon that a large number of controlling shareholders of listed companies plunder the interests of small shareholders and the private benefits of control through direct or indirect occupation, related party transactions, illegal guarantees and other forms, which will increase the company's agency costs, reduce the company's value, seriously hinder the normal function of the stock market and healthy development. In essence, the existence of the phenomenon of private benefits of which is seized by the controlling shareholders of listed company is due to the lower level of legal protection of the interests of small investors. It cannot limit or restrict the controlling shareholder in the infringement from external control or external constraints. Thus, it has important practical significance to study the development of China's stock market from the point of the legal protection of the investors.

Since LLSV created the study paradigm of which researched the development of stock market from the legal protection of the investors, many domestic and foreign scholars have conducted a number of follow-up study. But, most of their researches are cross-comparative study of static, or explaining directly its relationship between the actual empirical data. Other, the study about the ownership structure of listed companies, private benefits of control and the value of the company has little link with the legal protection of the investors and the stock market. They are often the study on a single issue. I try to put the investor protection, ownership structure, the private benefits of control and the stock market development into a unified framework of analysis, which shows the role in the decision of laws protect investors in China's stock market. The logic is as follows: a lower degree of legal protection for foreign investors will lead to concentration of ownership structure of listed companies, while the concentrated ownership structure and the lower level of legal protection of investors will have a higher level of private benefits of control, which increases the company's agency costs, lower value of the company, impede the healthy development of the stock market. In addition, the empirical analysis, which about the legal protection of the investors and listed companies, by vertical angle from the time can also verify the value of the relationship between the legal protection of the investors in the stock market impact and effect. The middle variables of the article analyze is the private benefits of control, the value of the company.

To the logic of the above, the author clarified the relationship between the relevant variables by building models. To the theoretical model of the relationships about the legal protection of the investors, the private benefits of control, the stock market and the value of the company, the article highlighted and assessed the theoretical model of Edwards and Weichenrieder (1999) and LLSV (2002). About the theoretical model of Edwards and Weichenrieder (1999), which about the relationship of the ownership structure of listed companies, the private benefits of control and the the firm value, the author pointed out that its shortcomings are that they did not put the legal protection of the investors, which is the important external governance variables, into the analysis framework, and did not reach the clear conclusions, etc. About the theoretical model of LLSV (2002) which translates the relationship between the legal protection of investors, the ownership structure of the controlling shareholder of the company and the value of company, the author pointed out that it did not distinguish the reflection the separation of the control and cash flow of the listed companies over the private benefits of control, the value of the company. With the basic of the above model, the author builded the model about the relationship between the legal protection of the investors, the private benefits of control and the development of the stock market and derived the clear conclusions. According to the conclusions from the model, the author proposed five hypotheses and guided the research of the article with them.

Based on the above understanding, this analytical framework is as follows: First, this article will analysis and measure the level and its trends of the legal protection of the investors in China from the the vertical angle of time; second, the article will empirically research the trends of the ownership structure of the listed companies and the concentration of ownership in china, and analyse the main types of agency costs of listed companies in China by the situation of the concentration of ownership of the listed companies, and translate the role of the legal protection of investors investors accoding to the relationship between the legal protection of the investors and the trends of the ownership structure of listed companies; third, if the assumption of the concentrating ownership was confirmed, this article will analyse and measure the level of the private benefits of control of the listed companies and its relationship with the legal protection of the investors; fourth, this article will empirically study the relationship between the legal protection of the investors, the value of the listed companies and the develoship of the stock market; finally, with the basic of the above analysis, this article will make the concolusion of the relationship between the development of stock market and the legal protection of the investors in china and propose the targeted and forward-looking recommendations of policy.

The findings show that: the level of the legal protection of the investors in china shows a rising trend, and the conclusions of the comparative study shows that the level of the legal protection of the investors in china is still low; the ownership concentration of the china's listed companies basically shows the trend of gradual downward, only a small recovery from 2008 to 2010, and the study of the country comparison shows that the higher ownership concentration of the listed companies in china and the main agency cost of the listed companies is the private benefits and the trends of the relationship between the legal protection of the investors and the ownership structure of the listed companies in China shows in the opposite direction; the mean level of private benefits of control of the listed companies in China is 18.561%, and the comparative study concluded that the China's listed companies has a high level of private benefits of control, and its trends show the characteristics by stage, which dues to the the implementation of the laws and regulations of the legal protection of the investors and the developments of the control market. Along with the promoving level of legal protection, the level of private benefits of control obtained by the controlling shareholders of the listed companies is falling; the relationship between the indicators of the separation of ownership and control and the level of private benefits of control shows no significant change in the same direction; the relation between the level protection of investors and the velue of the listed companies in china shows a positive correlation, that, with a higher level of the legal protection of investors, the higher the level of development of the stock market.

Based on the above findings, the article proposed three recommendations of the policy of the development of our stock market: we should further perfect the system of the legal protection of investors and improve the efficiency of law enforcement. We should take measures to promote and improve the control market in china, and inhibit the private benefits of control through optimizing the structure of the corporate governance.

目 录

导　论 …………………………………………………… (1)
　　一、研究背景与意义 ………………………………… (1)
　　二、相关概念的界定 ………………………………… (8)
　　三、研究思路及主要内容 …………………………… (10)
　　四、本书可能的创新之处 …………………………… (14)

第一章　本书的分析框架及相关文献综述 ……………… (16)
　第一节　投资者法律保护与股票市场发展 …………… (17)
　　一、相关文献综述 …………………………………… (17)
　　二、对相关文献的简单评价 ………………………… (20)
　第二节　投资者法律保护和上市公司所有权结构 …… (21)
　　一、相关文献综述 …………………………………… (22)
　　二、对相关文献的简单评价 ………………………… (26)
　第三节　上市公司股权结构、控制权私人收益和股票
　　　　　市场发展 …………………………………… (27)
　　一、基于分散股权基础上的代理问题研究文献 …… (27)
　　二、基于集中股权基础上的代理问题研究文献 …… (28)

三、投资者法律保护、控制权私人收益与股票市场
发展 …………………………………………………（33）
第四节　相关理论模型述评及本书研究模型构建 ……（41）
一、Edwards 和 Weichenrieder 的理论模型及其评价
…………………………………………………………（41）
二、LLSV 的理论模型及其评价 ………………………（46）
三、本书研究模型的构建 ………………………………（50）
四、本书的研究假设 ……………………………………（55）
本章小结 ………………………………………………………（56）

第二章　中国投资者法律保护程度的分析与度量 ………（59）

第一节　中国股票市场投资者法律保护制度的历史
沿革 ……………………………………………（60）
一、中国投资者法律保护制度的构成与演变 ………（60）
二、中国投资者保护法律与监管的执行 ……………（63）
第二节　中国投资者法律保护程度的度量 ……………（64）
一、西方学者衡量投资者法律保护时的指标选取和
度量方法 ……………………………………………（64）
二、我国学者衡量投资者法律保护时的指标选取和
度量方法 ……………………………………………（66）
三、我国股票市场投资者法律保护程度的度量 ……（67）
第三节　中国投资者法律保护程度与其他国家的比较
…………………………………………………………（78）
一、股东权利方面的比较 ………………………………（79）
二、投资者保护法律执行效率方面的比较 …………（80）
三、投资者保护法律制度方面的比较 ………………（81）
本章小结 ………………………………………………………（82）

第三章　中国上市公司股权结构与投资者法律保护 …… (84)

　第一节　中国上市公司股权结构的特征及历史演变

　　…………………………………………………… (85)

　　一、股权分置背景下股权结构的形成与特征 ……… (86)

　　二、股权分置改革及其对我国上市公司股权结构的

　　　　影响 ……………………………………………… (91)

　第二节　中国上市公司的股权集中度 …………………… (94)

　　一、赫尔芬达指数衡量的上市公司股权集中度 …… (95)

　　二、CR 指标衡量的我国上市公司股权集中度及国际

　　　　比较 ……………………………………………… (96)

　　三、非控股股东对控股股东制衡指标衡量的上市

　　　　公司股权集中度 ………………………………… (100)

　第三节　中国投资者法律保护与上市公司股权集中

　　　　度的关系 ………………………………………… (101)

　　一、研究方法的说明 ………………………………… (101)

　　二、中国投资者法律保护程度与上市公司股权集中

　　　　度关系的对比 …………………………………… (103)

　本章小结 …………………………………………………… (105)

第四章　中国上市公司控制权私人收益与投资者法律
**　　　　保护关系的实证检验** ………………………… (107)

　第一节　控制权私人收益的概念及度量方法 ………… (108)

　　一、控制权私人收益的概念 ………………………… (108)

　　二、控制权私人收益的度量 ………………………… (110)

　第二节　中国控制权市场的发展及特征 ……………… (119)

　　一、发展控制权市场的意义及控制权市场的概念

………………………………………………………………（120）
二、我国上市公司控制权变动的方式 …………………（120）
三、中国控制权市场的形成和发展 ………………………（122）
四、中国控制权市场的特征 ………………………………（127）
五、中国上市公司控制权转让的定价 ……………………（129）

第三节　我国上市公司控制权私人收益的计算 ………（131）
一、我国上市公司控制权私人收益计算方法的选取
………………………………………………………………（131）
二、本书采用的控制权私人收益计算公式 ……………（138）
三、样本、数据选取的说明 ………………………………（139）
四、样本的描述性统计 ……………………………………（143）
五、我国上市公司控制权私人收益水平的测算结果
………………………………………………………………（148）
六、控制权私人收益水平的国际（或地区间）比较
………………………………………………………………（151）

第四节　上市公司控制权私人收益与投资者法律保护
　　　　关系的实证检验 …………………………………（155）
一、影响上市公司控制权私人收益的因素 ……………（155）
二、控制权私人收益影响因素的实证分析 ……………（164）
本章小结 ………………………………………………………（168）

第五章　中国投资者法律保护与上市公司价值关系的
　　　　实证检验 …………………………………………（170）

第一节　相关研究回顾 ………………………………………（171）
一、国外学者的研究 ………………………………………（171）
二、国内学者的研究 ………………………………………（172）
第二节　相关变量的选择及实证分析 ……………………（173）

一、公司价值的含义及度量 …………………………… (173)
　二、实证模型的设计及样本选择 ……………………… (175)
　三、实证检验结果和研究结论 ………………………… (177)
本章小结 …………………………………………………… (180)

结论与对策 ……………………………………………… (182)

　一、研究结论 …………………………………………… (182)
　二、对策建议 …………………………………………… (184)
　三、本书研究的局限性及进一步研究的思考 ………… (189)

参考文献 ………………………………………………… (191)

致　　谢 ………………………………………………… (207)

导 论

一、研究背景与意义

（一）研究背景

自 20 世纪 90 年代初上海和深圳证券交易所成立以来，我国股票市场经过近 20 多年的发展，从无到有，从弱到强，已经取得了长足的进步，在国民经济的资源配置体系中有举足轻重的作用。据世界交易所联合会（WFE）的统计，至 2010 年末，上海证券交易所股票成交额和 IPO 筹资总额分别排名国际主要交易所的第三位，仅次于纳斯达克市场和纽约证券交易所，在亚洲名列第一，上交所股票总市值与全国 GDP 的比率已超过 50%；深圳证券交易所的股票交易额及 IPO 筹资额分别排名国际主要交易所的第五位和第二位[1]。中国已经成为全球最大的新兴资本市场和亚太地区的主要资本市场。但是，我国

---

[1] 世界交易所联合会（WFE）网址：http://www.world-exchanges.org。

股票市场发展中还存在许多问题,最为突出的是普遍存在上市公司控股股东通过直接或间接地占用、关联交易、非法担保等形式掠夺中小股东利益、掏空上市公司的问题,这些问题极大地影响投资者的信心,严重阻碍股票市场正常功能的发挥和健康发展。控股股东侵占的中小股东利益被称为控制权私人收益,或控制权私利。理论界把这种代理成本视为在股权结构集中情况下上市公司的主要代理成本,而股权集中往往与投资者法律保护弱化相联系。从本质上讲,我国股票市场上之所以普遍存在控股股东掠夺中小股东利益的问题,就是因为法律对中小投资者利益保护水平较低,不能从外部治理或外部约束方面限制或制约控股股东的侵权行为。法律对不具有公司控制权的股东的利益保护程度决定了其投资的积极性,在一定意义上也决定了股票市场的发展。那么从投资者法律保护的角度探讨我国上市公司的股权结构、与股权结构相联系的主要代理问题及其对股票市场发展的影响就成为题中应有之义。

认识到投资者法律保护对股票市场发展具有决定性作用,理论界经历了长期的积累和发展。Modigliani 和 Miller(1958)在他们提出的著名的 MM 理论中认为,公司是其投资项目及项目产生的现金流的集合,公司价值与公司的资本结构无关,只取决于项目创造的现金流,投资者(股东和债权人)的所有权只是对公司现金流的一种索取权。Jensen 和 Mecking(1976)认为 MM 理论的内容并不能解释公司的管理者为何要满足这种索取权,即必须把现金流返还给投资者,在不存在其他约束的情况下,公司管理者的理性行为将导致其用公司现金流首先满足自身利益最大化的要求,那么公司的投资者并不必然能够获得预计的回报。他们把投资者和公司管理者的这种利益背离归结为所有权和控制权发生分离而出现的代理问题,这种代理关系是一种契约关系,并用剩余索取权界定企业所有权和投资者权利。Hart(1995)认为企业投资者与经营者关于剩余收益分配的合约或契约是不完全的,从而提出了剩余控制权的概念,即关于企业投资者和经营者的契约中并没有规定未来状态的决策权。当企业的投资者将资金交给自己不了解的管理者使用时,需要预先对企业未来不确定的状况做出安排,即投资者在对企业投资时要求获得一定的权利以应对企业未来的不确定状况,这些权利包括对公司管理者的选举权、对公司经营情况的知情权、对公司经营中重大决策的表决权及对公司收益的获取权等。但是,现代公司的股权是分散的,不同股东的诉求不可能完全一致,上述权利对公司行为的约束是按股权比例来表现的,现实中公司股东按所持有股权的比例的大小以及与此相对应的对公司事务的表决权的大小就有控制性股东和无控制权的中小股东的区别。基于理性人假定,控股股东在掌握公司控制权的情况下,其行为就是自身利益的最大化行为,其行为的出发点不可能与全体股东利益完全一致,现实中控股股东侵占中小股东利益、攫取控制权私人收益的现象正是这种逻辑的具体体现。由于不掌握公司控制权,基于按股权比例安排的剩余控制权架构使中小股东在权利的行使中处于弱势地位,其利益在现实中有可能受到公司管理者与控股股东的双重侵害,即公司将出现所有者与管理者的利益冲突、控股股东与中小股东利益冲突两种代理成本并存的问题。在此背景下,公司内部治理结构不能有效保护中小投资者利益,就需要另外的制度安排来解决。在公司内部制度约束不能解决中小投资者利益保护问题时,研究者的目光转移到公司外部制度的作用上,这就是国家公司法、证券法等投资者利益保护法律法规对中小投资者利益的保护,只有中小投资者的利益得到有效保护,他们的投资活动才可能具有积极性,股票市场才能持续有效发展。

从投资者法律保护角度研究股票市场发展肇始于经济学家组合 La Porta、Lopez-de-Silanes、Shleifer 和 Vishny(简称 LLSV,1997,1998),他们认为一个国家证券市场的发展水平是由投资者的法律保护质量所决定的,投资者保护是其是否能够持续、健康、稳定发展的关键因素。其研究框架的逻辑关系是"法律渊源和投资者保护,从而与金融发展存在相关性"。LLSV 的研究开创了法与金融的研究先河,其后大量的学者从投资者法律保护的角度研究金融发展,基本上得出了相似的结论。法律对投资者利益保护程度的不同会通过影响企业在市场上股票融资的能力而影响股票市场的发展。对外部投资者保护问题源于代理问题,核心内容是防止内部人(管理层和控股股东)对外部投资者的"掠夺"。投资者保护制度越完善,内部人对外部投资者"掠夺"的预期将降低,投资者就愿意为公司发行的股票支付"溢价",公司价值就高,股票市场就越健全,投资者的投资积极性越高,股票市场的规模扩大和效率提高就能得到保证,并进而对一国的经济发展起到积极的促进作用。投资者保护需要一系列制度安排,其核心是要建立和逐步完善一整套的法律规则及行之有效的执行机制。因而,在考察一国投资者保护程度时,就需要综合衡量该国投资者保护的证券立法、证券监管和执行状况。

但是,在运用 LLSV 的分析框架研究各国股票市场发展时,面临的股票市场基础、发展状况、制度及法律监管等存在很大差异,完善投资者利益保护、促进股票市场发展过程中所要解决的问题存在很大不同。欧美发达国家上市公司的股权相对分散,影响公司价值的主要代理问题是投资者和经营者的利益冲突；而发展中国家和经济转轨国家上市公司的股权高度集中，面临的主要代理问题是控股股东和中小股东的利益冲突。Zingales(1995)对美国上市公司股权结构进行调查后认为，美国股权结构较分散，控制权私人收益较低，这主要得益于美国投资者保护程度较高。LLSV(1998)在对49个国家所有权集中情况进行调查的基础上，提出所有权集中是对弱的投资者法律保护的适应机制。所有权集中采取的形式主要有：大股东、大债权人和接管。Shleifer和Vishny(1997)在一篇公司治理综述的文章中指出，分散的小股东只有在法律体系趋于成熟的国家才有，在投资者法律保护较弱的国家，往往是大投资者在公司治理中发挥较大的作用。La Porta、Shleifer和Vishny(1999)考察了27个富裕国家中10个最大非金融公司的控制权集中情况，研究结论表明投资者保护与所有权集中存在负相关。他们还分析了投资者保护、股权结构、控制权私人收益和股票市场发展的相互联系，指出一个国家在立法、证券监管及执行方面对中小投资者保护程度高，上市公司信息披露充分真实，中小股东法律援救机制及时有效，控股股东的控制权私人收益较低，对集中持有上市公司股份的诉求不太强烈，股权结构趋于分散；但在投资者保护程度低的国家，控制权私人收益较高，掌握集中的股权以追求上司公司控制权的行为就是必然的结果，控制权私人收益是对中小股东利益的剥夺，降低了公司价值，不利于股票市场发展。上述学者的观点表明，投资者法律保护程度低导致的相对集中的上市公司所有权结构所具有的代理成本不同于传统的委托代理成本，而是大股东的利益和其他投资者的利益不一致，大股东运用其所掌握的控制权侵害其他投资者的利益，即所谓的"隧道挖掘"(tulleling)，产生控制权私人收益。控制性股东利用公司资源为自身谋取的利益被称为控制权私人收益,具体指公司控股股东利用其控制地位从公司抽取的只有自己享有而不与其他股东按持股比例分享的公司财富。在对我国股票市场的研究中,国内许多学者对此也得出了相似的结论,但还没有将投资者法律保护、上市公司股权结构、控制权私人收益及股票市场发展纳入统一的框架进行分析,相关文献说明将在下面章节中进行。另外,LLSV等相关学者在实证研究投资者法律保护与股票市场发展关系时,使用的是同时期的跨国数据,没有从时间的纵向角度考察一个国家范围内投资者法律保护与其股票市场发展的关系。

然而,对投资者法律保护水平是否必然和股权结构有上述的联系、集中的股权结构是否必然产生控制权私人收益、控制权私人收益的存在是否会降低公司价值和阻碍股票市场发展等问题,相关学者的观点并不一致。例如,Grossman和Hart(1980)认为公司控股股东私人收益的存在提高了公司并购的效率。Holdness(2003)认为控制权私人收益不损害公司利益,因为大股东拥有公司控制权能产生所有股东分享的共同利益,反而提高了中小股东的利益水平。Dyck和Zingales(2004)认为控股股东的存在以及对控制权私人收益的获取并不一定使公司价值降低。在对我国股票市场相关问题研究时,周世成(2010)得出了现阶段我国控制权私人收益的规模反而与金融发展正相关的结论。

综上所述,在对投资者保护与股票市场发展关系的研究中,因各国股票市场的发展基础和发展状况不同,与投资者保护程度相联系的股权结构及代理问题是不同的。相关学者由于研究的角度、数据的选取、研究方法的差异而导致研究结论存在不同,因而在考察投资者法律保护与股票市场发展的关系时就应该具体考察投资者法律保护程度与不同股票市场的具体股权结构、控制权私人收益的水平的变动以及公司价值的关系。本书研究思路正是基于此理论背景提出的。

（二）研究意义

理论意义。投资者法律保护与股票市场发展关系问题属于金融发展理论中探讨金融发展决定因素问题的研究范畴。目前，随着理论界和实务界对金融发展促进经济增长内在关系认识的深化，以关注金融发展的决定因素为研究内容的第三代金融发展理论[①]研究已构成金融学最充满活力的分支之一和最具前沿性的研究领域之一。然而，理论界关于金融发展的决定因素问题的研究还远没有达成共识。因而，结合我国具体情况，探讨投资者法律保护和中国股票市场发展的关系具有金融学理论研究的前沿性和挑战性，其理论意义自然不言而喻。就我国股票市场的健康发展而言，无论是理论界还是实务界都一直强调制度建设的重要性，所谓的制度更重要的是法律制度，那么从法律制度发挥作用的机制着手，借鉴已有的研究成果，探讨法律对投资者保护程度的变化对我国股票市场发展的影响程度及作用机理无疑具有重要的学术意义。

实践意义。本书通过考察我国投资者法律保护程度的发展与变迁，可以明确我国投资者法律保护体系建设的进步与不足，对完善投资者法律保护制度及执行效率具有借鉴作用；本

---

① 第一代金融发展理论是以 Mckinnon 和 Shaw(1973)为代表的经济学家对发展中国家金融抑制、金融深化、金融自由化的研究；第二代金融发展理论运用内生增长理论的研究方法，说明金融体系内生于经济增长的机制并进行了广泛的实证研究；第三代金融发展理论探讨金融发展的决定因素，以 LLSV(1998)的法律因素说为代表，随后的学者分别从不同角度阐述了各种影响金融发展的因素，主要包括法律、利益集团、非正式制度等。

书用较大篇幅对控制权私人收益进行了研究,其目的在于说明投资者法律保护对控制权私人收益这一在股权结构集中情况下上市公司主要代理成本的影响。对此问题的研究有助于认识我国股票市场上普遍存在的控股股东侵占中小股东利益问题,明确控制权私人收益与公司股权结构、治理结构以及控制权市场的运行特点之间的相互关系,从而有针对性地提出完善我国投资者法律保护制度、促进我国股票市场持续发展的对策建议。

二、相关概念的界定

在本书的相关分析中将涉及上市公司所有权、控制权、现金流权、投票权、控制权私人收益及公司价值等相关概念。在本书的导论部分首先对这些相互联系的概念进行明确的界定和辨析,有利于后续研究中对其内涵和外延的把握。

(一) 所有权

在一般语境下的所有权指的是法律意义上的财产所有权,它指的是所有人对自己财产所享有的占有、使用、收益和处分的权利,是一种财产权。但本书的分析涉及的上市公司所有权要复杂一些,因为其涉及公司的控制权的度量及公司内部治理结构的安排。Jensen 和 Mecking(1976)用剩余索取权界定企业所有权和投资者权利,所谓剩余索取权即企业经营中盈余金额的索取权与分配权。Grossman 和 Hart(1986)把企业投资者与经营者的合约权利进行了划分,指出剩余控制权就是所有权,并在实际度量投资者所有权时以股东拥有的现金流权代表投资者的所有权。Hart(1995)更进一步分析了剩余索取权的概念,认为MM理论中关于企业投资者与经营者关于剩余收益分配的合约或契约是不完全的,从而提出了剩余控制权的概念,即关于企业投资者和经营者的契约中并没有规定未来状态的决策权。

(二) 控制权

对控制权的清晰界定是分析和计量控制权私人收益的基础。控制权和所有权紧密联系而又有区别。较早对上市公司控制权进行说明的是Berle和Means(1932),他们认为公司控制权是与股东所有权相对应的遴选公司董事会或多数董事的权利。但是,在股权高度分散的公司中,公司控制权往往被公司管理层所掌握。基于现实中股权分散公司的控制权与所有权的背离,Fama和Jensen(1983)将控制权界定为选择公司管理者的权利,其延伸含义是对公司契约中未来不确定事项的决策控制权。Grossman和Hart(1986)把股东拥有的投票权视为控制权。我国学者张维迎(1996)也表达了与Grossman和Hart(1986)类似的观点。在我国的监管实践中,对控制权的界定更倾向于投票权,其中既有对直接持股的认定,又有对间接持股的认定[①]。

(三) 投票权和现金流权

在现代股份公司所发行的股份中,公司所有股东均拥有所有权,享有以股份比例为基础的剩余索取权,而现金流权正是指股东能从公司正常的经营利润中分得相应份额的权利,所以

---

① 2006年9月实施的《上市公司收购管理办法》第十章附则第八十四条。

现金流权即代表所有权。但是，公司所发行的股份中并不是全部拥有投票权（如优先股），则非投票权股票就不拥有公司的剩余控制权，即不拥有对公司契约中未来不确定事项的决策控制权。所以，在理论研究中，一般把以剩余索取权为基础的现金流权视为公司所有权，把以剩余控制权为基础的投票权视为公司控制权。

（四）控制权私人收益

控制权私人收益的概念是在对控制权的界定及现实中对控制权的溢价交易中产生的。在后面的章节中还要进行详细的辨析，在此仅简要给出其含义：公司控股股东利用其在公司的控制地位非合法或非合规地从公司获得的、只有自己拥有而不与其他股东按现金流权比例分享的公司收益。

（五）公司价值

一般采用 Tobin q 值来代表公司价值，其含义是公司市场价值对其资产重置成本的比率。公司市场价值用资本市场上公司的市值来表示，具体包括公司股票的市值和债务资本的市场价值；公司资产重置成本一般用公司的总资产来衡量。

三、研究思路及主要内容

（一）研究思路

许多学者对我国上市公司的研究表明，上市公司的股权高度集中，衡量股票市场发展的主要指标公司价值主要受大股东和中小股东的利益冲突的影响，而不是 Jensen 和 Meckling

(1976)所说的公司经理层与股东和董事会之间的代理问题，且这种代理问题还与大股东股权的非流通性结合在一起。对投资者法律保护更多地集中于对大股东损害中小股东利益行为的监管而不是关注公司经理层损害整体股东利益的考虑①。根据前文所述，一国投资者法律保护程度的差异会导致上市公司股权结构的不同。投资者法律保护程度高，股权结构趋于分散；投资者法律保护程度低，股权结构趋于集中。而集中的上市公司股权结构不可避免地会产生控股股东对中小股东的利益侵占，即控制权私人收益（或称控制权私利），这将降低公司价值，影响股票市场发展。本书的研究定位于探讨中国投资者的法律保护与股票市场发展的关系。很多对此领域的研究在衡量股票市场发展的指标时侧重于股票市场规模，即国内股票市价总值/GDP、上市公司数量等，但是，国民经济的整体发展水平与上述指标的关联性很大。对我国而言，改革开放后，国民收入的快速增长对股票市场的发展起到了很大的推动作用。为了考察中国投资者的法律保护与股票市场发展的关系，本书选取了更能代表投资者法律保护对股票市场发展具有解释作用的上市公司控制权私人收益和公司价值作为解释变量：若能证实投资者法律保护水平提高降低了上市公司控制权私人收益的水平，则可以说明投资者法律保护水平的提高能够降低上市公司控股股东与中小投资者之间的代理成本，提高公司价值并促进股票市场发展；同时，对投资者法律保护与上市公司价值关系的直接研究则可以直接说明投资者法律保护与股票市场发展的关系。

---

① 俞红海、徐龙炳：《股权集中下的控股股东侵占与投资者保护综述》[J]，《上海财经大学学报》，2009年第4期。

本书研究的问题就是判断中国投资者法律保护是否对我国股票市场发展具有决定性作用,研究途径依次是判断投资者法律保护水平对上市公司的股权集中度的影响以及相应的上市公司的主要代理成本、上市公司控制权私人收益水平的变化及投资者法律保护对其的抑制作用、投资者法律保护与上市公司价值的关系。若能够从时间的纵向角度证实我国投资者法律保护水平提高降低了上市公司股权集中度、降低了上市公司控制权私人收益水平、提高了上市公司价值,则可以得出我国投资者法律保护水平的提高对促进我国股票市场发展具有决定性作用的结论,并可以从相关分析中提出促进我国股票市场发展的相应对策建议。因而本书在研究我国投资者法律保护与股票市场发展关系时,以股权结构、控制权私人收益、公司价值为中间变量,试图分析和揭示投资者法律保护与股票市场发展的内在逻辑关系。

LLSV(1997,1998)、La Porta、Shleifer 和 Vishny(1999)等学者在按国别研究投资者法律保护与股票市场发展关系时,也存在一定的不足,他们主要是从法源角度,用横截面数据来说明各国投资者保护的差异及对其股票市场的解释力度。但是,各国投资者保护的立法、监管及执行效率,甚至法律体系的法源属性都是在不断变化之中,因而研究一个国家投资者保护与股票市场的发展关系,需要从时间维度,采用纵向数据进行说明。尤其在我国,股票市场发展时间较短,各项制度、法规的变化十分迅速。按照 LLSV 的分类,在证券市场上需要保护的是股东和债权人,但是大股东,尤其是控股股东在上市公司内部治理中往往是其他股东利益的侵占者。而债权人,如银行,通常都是有能力进行自我保护的当事人,它们在债券合约的签订、履约过程中的监督检查以及违约后的法律与社会救援等方面都有较好的手段和能力保护自己的权益。因而,本书所涉及的投资者法律保护只关注中小投资者的保护问题。

基于以上考虑,本书的研究主要采用纵向数据说明相关问题。本书研究的定量分析途径有以下四个:一是选用适当的指标和赋值方法测算我国投资者法律保护水平及其变化趋势;二是测算我国上市公司股权结构的变化趋势及其与我国投资者法律保护程度之间的关系;三是从时间序列测算我国上市公司控制权私人收益的变动状况及其与投资者的法律保护之间的关系;四是从时间序列实证分析我国投资者法律保护水平与上市公司价值、股票市场发展之间的关系。对上市公司股权结构、控股权私人收益的研究说明投资者法律保护与公司内部治理的关系,对投资者的法律保护与上市公司价值的分析说明法律对上市公司的外部治理效果。在定量分析和对我国投资者法律保护状况分析的基础上,本书将提出改善我国投资者法律保护、促进股票市场发展的对策建议。

本书分析框架重要的中间变量是与投资者法律保护程度密切相关的上市公司股权结构、与股权结构相联系并直接影响公司价值及股票市场发展的上市公司控制权私人收益。分散的股权结构产生公司经营者与公司所有者之间的利益冲突,即传统的委托代理问题;集中的股权结构产生控股股东与中小投资者的利益冲突,即控股股东攫取控制权私人收益。而对控制权私人收益水平的测算及其与投资者法律保护关系的研究,在于明确投资者法律保护对控制权私人收益的抑制作用和对股票市场发展的决定性影响。

(二)主要内容

基于本书要研究的问题和各部分的逻辑关系,各章节及其

内容安排如下:

第一章,在全面回顾、评析相关文献的基础上提出本书的分析框架及各部分之间的逻辑联系并构建本书关于投资者法律保护、控制权私人收益、公司价值与股票市场发展的理论分析模型。基于构建的理论模型,提出本书的研究假设。

第二章,在借鉴其他学者方法的基础上,构建测算我国投资者法律保护程度的指标体系和赋值方法。利用此指标体系和赋值方法,结合我国投资者法律保护体系及执行效率对我国投资者法律保护程度按证券立法、证券监管、执行效率及综合得分等四方面进行测算。

第三章,研究我国上市公司股权结构及股权集中度的状况,明确投资者法律保护程度与上市公司股权集中度的关系及上市公司的主要代理成本。

第四章,全面分析控制权私人收益的测算方法,提出适合我国情况的测算公式,利用中国上市公司的实际数据计算我国上市公司控制权私人收益的水平并分析其与投资者法律保护的关系。

第五章,利用第二章中国投资者法律保护的测算数据实证研究中国投资者法律保护和我国上市公司价值之间的关系。

最后,在以上各章分析的基础上,明确我国投资者法律保护与股票市场发展的关系并据此提出改善我国投资者法律保护、促进股票市场发展的对策建议。

四、本书可能的创新之处

本书研究可能的创新之处主要有以下几点:

一是在研究结构上的创新。关于投资者法律保护与股票市场发展关系的研究大多数是跨国静态比较研究,或直接用两者的数据说明其关系,对上市公司股权结构、控制权私人收益、公司价值的研究很少与投资者法律保护、股票市场发展联系起来,往往是就单个问题进行分析,本书在研究我国投资者法律保护与股票市场发展的关系时,将上市公司股权结构、控制权私人收益、公司价值作为中间变量并纳入该问题的整体分析框架。

二是构建了关于投资者法律保护、控制权私人收益、公司价值与股票市场发展的理论模型。在分析了关于该问题的代表性理论模型并指出其不足之处后,笔者构建了统领全书的理论模型并推导出相应的结论,在此基础上提出本书的研究假设,并在后续研究中基本证实了这些假设。

三是投资者法律保护程度测算方法的创新。在实际测算我国投资者法律保护水平时,设计了不同于其他学者的指标体系和赋值方法。

四是上市公司控制权私人收益计算方法上的创新。在实际测算我国上市公司控制权私人收益时,笔者提出了不同于其他学者的测算公式,既包含对非流通股协议转让溢价的计算,也包括对流通股市场化转让溢价的计算,该种测算方法反映了我国控制权市场交易的现实。

五是对股权分置改革后流通股控制权溢价异常问题进行处理时在方法上的创新。针对股权分置改革后具有流通权的股份采用协议转让方式进行控制权交易的控制权溢价异常问题,笔者首次提出把控制权私人收益计算的比较基础确定为净资产和转让公告发布次日每股交易价格的均值,并说明了其实际计算中的可行性。

第一章　本书的分析框架及相关文献综述

LLSV(1997,1998)开创性地提出了投资者法律保护对股票市场发展具有决定性作用的观点后,对投资者法律保护体系及其执行效率的研究就成为理论界研究股票市场发展决定因素的主流范式。随着研究的深入,相关研究的视角也在不断地拓展,其中最明显的转变是对影响上市公司价值及股票市场发展的代理问题认识的转变,即从关注分散股权基础上的外部股东与管理者的利益冲突的传统代理问题转变到关注控股股东与中小股东利益冲突的代理问题,或者说对投资者保护法律应重点解决的利益关系发生了认识上的转变。

在投资者法律保护与股票市场发展关系的研究中,因各国股票市场的发展基础和发展状况不同,与投资者法律保护程度相联系的股权结构及代理问题是不同的。基于集中股权结构的股票市场发展研究应重点考察的问题是大股东与中小投资者的利益冲突,即控股股东获取控制权私人收益对公司价值及股票市场发展的影响。在我国上市公司股权较集中的背景下,考察投资者法律保护与股票市场发展的关系时就应该分析具体股权结构及控制权私人收益水平的变动及具体的影响因素。

大而化之地分析投资者法律保护与整体股票市场的发展关系不利于发现阻碍股票市场发展的具体因素。基于以上认识,本书分析框架的安排如下:第一,分析和度量我国投资者法律保护水平的变化及现状;第二,实证研究我国上市公司股权集中度的变化并分析判断其与投资者法律保护的关系;第三,在股权集中度较高的假定被证实的前提下,分析判断上市公司控制权私人收益的水平及其与投资者法律保护的关系;第四,实证分析我国投资者法律保护与上市公司价值的关系;第五,判断我国投资者法律保护与股票市场发展的因果关系并有针对性地提出前瞻性的政策建议。基于上述安排,相关文献综述就包括投资者法律保护与股票市场发展关系、投资者法律保护与上市公司股权结构、投资者法律保护与控制权私人收益及股票市场发展的关系三部分。

第一节 投资者法律保护与股票市场发展

一、相关文献综述

最早提及投资者法律保护问题的是 Jensen 和 Meckling (1976),他们提出公司治理中所有权和管理权分离问题的代理理论时,在文章末尾提到了成文法、不成文法等因素会影响代理成本的大小,从而反映出代理问题不仅来源于公司内部签约各方,而且还来源于外部的法律和社会条件。Hart(1995)指出,不同证券的本质特征是其赋予持有者不同的权利。但是投资并拥有证券的所有者的权利的实现不仅需要公司内部合理的治理机制，还需要外部的治理保障，具体地说就是政府通过立法、证券监管给投资者合法权利提供的保护。所以，一个国家法律体系及执行效率是投资者权利得以实现的外部治理机制。

传统金融发展理论的研究往往以单个国家内的股票市场和上市公司为研究对象，由于是在相同的法律体系下的观察，因而研究者无法认识国家之间的法律保护差异对投资者保护和股票市场发展的影响，法律作为外部治理机制的角色在很大程度上被忽略。但随着20世纪90年代末理论界开始进行投资者法律保护体系的国别比较研究，人们逐渐认识到法律在股票市场发展中扮演的重要角色。

许多学者的研究证明，不同的法律体系及执行效率对投资者保护和证券市场发展有关键性的决定作用。对投资者法律保护与股票市场发展关系最经典和具有开创性研究的是LLSV(1997,1998,1999)，他们从法律源渊的角度阐述不同法系造成对投资者保护程度的不同，并进而造成不同国家和地区不同的金融发展水平，其研究框架的逻辑关系是"法律渊源和投资者保护，从而与金融发展存在相关性"。他们的研究指出投资者法律保护与股票市场发展之间具有正的相关关系，寓意投资者保护是一个国家证券市场、金融体系发展的核心因素。LLSV(1998)采用比较统计分析(comparative statistical analysis)方法，经验验证了49个国家法律对投资者保护如何不同、法律实施的质量如何不同以及这些差异是否可以解释不同国家金融发展模式的差异。该论文被认为是法与金融文献开创性的工作，而LLSV则成为法与金融研究领域最具影响力的经济学家组合之一。LLSV考察了与投资者权利保护相关的两大法律体系:大陆法系和普通法系。以法典成文和学者制法为典型特征的大陆法系可以进一步区分为法国法系、德国法系和斯堪德纳维亚法系三个子系。与大陆法系相对应的普通法系的典型特征是法官通过解决纠纷形成普通法。通过对投资者权利保护法律法规的来源的考察,LLSV设定了股东的权利保护指数、债权人保护指数和执法效率指数等三个方面的指标体系来反映投资者权利的法律保护程度的差异。在考察并建立上述指标体系的基础上,LLSV按照不同的法系,从而不同的法律渊源,把样本国区分为四类不同的法系国家,检验不同法律渊源相关变量均值是否相等。他们得到的主要结论包括:法律渊源在解释不同国家股东权利的差异重要,普通法国家向股东提供最好的法律保护,法国法系国家向股东提供最差的保护,德国和斯堪德纳维亚法系国家居中等。把样本国家按人均GNP划分为底部25%、中间50%和顶部25%,对按法律渊源区分的国家对股东权利保护的差异是否仅仅是不同国家富裕程度(人均GNP)的反映做稳健性检查,发现对抗董事的权利独立于人均收入,从而进一步支持了前述的结论。在LLSV研究的基础上,Pistor(2000)使用扩展了的LLSV的研究指标,对24个转轨经济国家的投资者法律保护状况进行了比较研究,得出了与LLSV相同的结论,即在转轨经济国家,投资者保护的法律制度的改善促进了其股票市场的发展。Nenova(2003)的分析也建立了包括法律环境、并购规则、公司章程条款、类别股份的价值差异、税率和注册成本等一系列度量法律对投资者保护程度的指标。Coffee(1999)、Castro、Clementi、MacDonald、Himmellberg、Huubbard、Love(2002)等对投资者保护促进金融市场发展的内在机理进行了深入研究,均指出投资者保护与金融市场发展之间具有正的相关关系的结论。LLSV(2000)指出,大陆法国家的法庭通常以当事人是否遵守法律条例来判断关联交易和"掏空"行为,而普通法国家的法庭则以相关交易是否公平对待中小股东来判断"掏空"行为,而且实行"举证责任在辩方"的制度。因此普通法可以更有效地抑制大股东的"掏空"行为。

二、对相关文献的简单评价

投资者法律保护与资本市场关系的研究极大地促进了金融发展理论的进展,丰富了其研究范畴和内容,为理论界探讨金融发展的决定因素和寻求促进金融发展的相应政策提供了新的视角。迄今为至,金融发展理论经历了三个发展阶段:第一代金融发展理论以麦金农和肖为代表,从20世纪70年代开始研究发展中国家金融抑制的形成原理及如何消除金融抑制,提出的政策主张是通过利率、汇率等金融自由化政策促进金融深化及发展中国家的经济增长;第二代金融发展理论运用内生增长理论的研究成果和分析逻辑证明了金融中介与金融市场如何内生于经济增长之中,使用跨国别数据实证分析了金融的发展对经济增长的促进作用;第三代金融发展理论即是由LLSV开创的投资者法律保护与金融发展关系的研究,其后大量的学者从投资者法律保护的角度研究金融发展的决定因素,研究成果对分析不同国家金融发展水平的差异及其内在原因、积极寻求推进相关国家的金融发展的制度建设具有重要的理论价值和现实意义。

上述文献的研究对于拓展金融发展新的研究视野具有重大意义,但是也存在明显的不足之处:首先,上述研究基本是静态比较了跨国别的数据,说明不同法律渊源对资本市场发展的解释作用,而没有考虑一个国家或经济体投资者保护的法律制度是不断发展和完善的产物,缺少用纵向的时间数据来说明同一个国家或地区投资者保护法律对证券市场发展作用的解释。其次,该类研究仅仅以投资者保护法律体系为自变量来说明证券市场发展,而忽略一个国家证券市场的具体特征、投资者利益受侵害的具体行为或法律需要保护投资者哪些方面的利益,这对于解释证券市场发展的决定因素显然是不够的,也缺乏针对性。这就相当于"黑箱方法"①的哲学研究范式,但"黑箱方法"只针对所研究系统的内部构造无法甄别的情况,对股票市场的研究显然不是这样的,影响一国股票市场发展的代理问题及相关指标是可观察甚至是可计量的。因而,本文在研究我国股票市场发展时,拟首先考察我国股票市场的股权结构特征及与此相联系的外部投资者或中小投资者利益遭受侵害的代理问题,而后具体研究投资者法律保护与股票市场的发展关系。

第二节　投资者法律保护和上市公司所有权结构

理论研究的主流观点认为,由于各国市场经济和资本市场发展的历史差异很大,发达国家发展相对成熟,各种投资者保护的制度和措施相对完善,投资者法律保护的水平相对较高,上市公司股权相对分散;而转轨经济国家和新兴经济体则相

---

① 其含义是通过观测外部输入黑箱的信息和黑箱输出的信息之间的变化关系,来探索黑箱的内部构造和机理的方法。

反,资本市场发展的历史相对较短,各种投资者保护的制度与措施相对不完善,投资者法律保护水平较低,上市公司股权相对集中。但是,有的学者经实证研究得出了不同结论。那么投资者法律保护程度与上市公司股权结构之间的关系如何?对此问题,许多学者进行了大量的研究。

一、相关文献综述

LLSV(1998)在对49个国家所有权集中情况进行调查的基础上,对股权集中度的决定因素作了回归分析。结果表明,投资者的法律保护与股权集中度存在替代关系,提出所有权集中是对弱的投资者法律保护的适应机制。所有权集中采取的形式主要有:大股东、大债权人和接管。Shleifer和Vishny(1997)在一篇公司治理综述的文章中指出,分散的小股东只有在法律体系趋于成熟的国家才有,在投资者法律保护较弱的国家,往往是大投资者在公司治理中发挥较大的作用。La Porta、Shleifer和Vishny(1999)考察了27个富裕国家中10个最大非金融公司的控制权集中情况,他们的研究表明,投资者保护与所有权集中存在负相关。Bebchuk(1999)提出了有关公司所有权结构的护租理论,他认为控制权私人收益的大小是所有权集中程度的一个决定因素,当控制权私人收益很大时,公司的创建者将选择集中的所有权结构以掌握控制权,因为这种所有权结构对公司的大股东来说价值很大,而分散的所有权结构在这种情况下将是非均衡、不稳定的结构。他进而指出控制权私人收益很大程度上是大股东对小股东的一种剥夺,一个国家只有加强法律对投资者权益的保护,才能降低控制权私人收益,从而使得分散的所有权成为可能。这实际上说明了投资者法律保护与上市公司股权结构的关系:当投资者法律保护程度较高时,控制权私人收益即大股东对中小股东的利益损害较小,上市公司股权结构较分散;反之,投资者法律保护程度较差时,控制权私人收益即大股东对中小股东的利益损害较大,上市公司股权结构较集中。Dyck(2000)使用跨国别的数据的研究结论证实了一国投资者法律保护程度与上市公司股权集中度呈现显著负相关关系。Himmelberg等(2002)使用38个国家跨国别的数据实证分析了投资者法律保护水平和上市公司内部人持股比例的关系,结论显示二者也呈显著负相关关系。Boubakri等(2005)的研究也得出了同样的结论,并且发现,在大陆法系国家中上市公司股权集中度普遍较高,但法律执行效率对上市公司股权集中度的变化影响有限。Claessens et al (1999)使用跨国别数据实证分析了亚洲国家上市公司的股权结构,发现只有日本的样本公司股权结构比较分散,其余亚洲国家的样本公司股权结构都比较集中。

那么投资者法律保护和上市公司股权结构之间为何存在这种对应关系?即它们之间的内在逻辑关系如何解释?传统的代理理论认为,外部投资者从公司获得回报主要取决于公司价值的增长,但由于在股权分散基础上存在股东和管理者即代理人利益目标的分离将导致代理成本的增加,即公司价值的下降。如果界定委托人和代理人利益关系的外部法律较完善且执行效率较高,则在股权分散时公司价值不会受太大影响,即代理成本较低,这正是欧美发达国家投资者法律保护较好和股权分散状况并存的理论解释。但是,如果一国投资者法律保护程度较低,代理人的非合约性或非合规性的利益追逐受到的外部约束较少,这将会严重降低公司价值和影响外部投资者的投资行为。这种股权结构或利益结构也是非均衡的。外部投资者从利益最大化目标出发,必然寻求替代性的利益保护机制,在实践中,集中持股的机制就出现了。这种机制可以将外部投资者的现金流和控制权联系起来,控股股东就有动机主动监管代理人,解决了所有者和管理者之间的信息不对称问题,因此避免了在监管代理人时中小股东的搭便车问题。同时,控股股东有足够的控制权对代理人施加影响,也可通过代理权争夺或接管来替换代理人。另外,从公司融资形式的角度也可以解释二者的内在逻辑联系:当投资者利益保护机制不健全时,外部投资者的利益难以获得保护,它们没有动机进行股权投资或以较低的价格购买公司股票,从而外部股权融资的方式难以被采用,间接地导致公司股权的集中化。

但是上述学者使用相同时期国别比较的方法分析投资者法律保护与所有权结构的关系,没有反应时间序列上投资者法律保护水平的变化对上市公司股权结构变化的影响,因而,此类方法也无法具体研究一个国家投资者法律保护与其股票市场发展的关系。不同国家或地区法律保护制度的渊源的特征有很大区别,使用相同的指标度量,并用其衡量它对股权结构的影响且进行对比缺乏足够的说服力。

因而另外一种研究思路应运而生,即使用纵向的数据从时间序列的角度分析一个国家投资者法律保护与其上市公司股权结构之间的关系。Cheffins(2001)对英国20世纪前半段投资者法律保护的研究表明,无论是法律体系还是法律的执行效率保护程度都比较低,但该时期英国上市公司的所有权结构却是分散的。Franks 等(2003)对 Cheffins 的研究结论的解释是上市公司间的并购及股权融资造成了股权结构分散的结果,而不是投资者保护程度提高造成的。也有学者的研究显示,投资者法律保护与上市公司股权结构的关系并非线性的,如 Aganin

和 Volpin(2003)在实证分析了意大利证券市场上市公司股权集中度与投资者法律保护的关系后,认为二者的关系是先上升后下降的。

国内许多学者对我国上市公司的研究表明,在我国投资者法律保护程度较低的情况下,我国上市公司普遍具有较为集中的股权结构。栾天虹、史晋川(2003)认为 LLSV 的研究仅仅关注管理者与股东的利益冲突,而忽略了在股权集中情况下公司内部最主要的代理问题是控股股东与中小股东的利益冲突,从而认为上市公司股权集中并非弱的投资者法律保护的替代,而认为集中的股权结构是投资者法律保护较弱的结果。许年行、吴世农(2006)设计了衡量投资者法律保护的指标体系和赋值方法,对我国1992~2003年的投资者法律保护进行了实际测算,并按照投资者法律保护程度的实际测算结果将实证检验分不同阶段进行。实证检验的时间为1990~2003年,样本是沪深两市的 A 股市场上首次发行股票的公司,分析的角度为上市公司发行股票前后股权集中度与投资者法律保护水平之间的关系。实证研究的结论表明,我国在该时期上市公司股权集中度呈现下降趋势,但与我国投资者法律保护水平逐步提高的关系并不十分显著。但对其他影响因素的实证分析也只是提供了认识该问题的多种可能性,并没有特别确定的结论,这些因素包括 IPO 发行制度、投资者法律保护的立法、国有控股上市公司控股权转让中非市场化因素占主导等。但对于非国有控股上市公司股权下降与投资者法律保护水平提高无关的分析显得牵强。侯宇、王玉涛(2010)认为 LLSV 等人的研究无法克服投资者法律保护与股权结构之间可能存在的内生性问题,他们采用我国证券市场中的控制权转移事件作为研究样本,试图避免内生性问题,利用我国上市公司数据对投资者保护程度与股权集中度之间的关系进行了实证研究,结论显示投资者法律保护与股权结构同方向变动。

对于投资者法律保护与上市公司股权结构的关系,部分学者通过建立模型的方法进行研究,但研究结论不尽相同。Shleifer 和 Wolfenzon(2002)构建的模型在说明投资者法律保护对股票市场具有决定性作用的同时,也证明了投资者法律保护与上市公司股权结构具有反向变化的关系。Burkart 和 Panunz(2003)的模型关注了投资者法律保护的外部治理与公司内部治理之间的相互关系:当二者关系叠加时,即当投资者法律保护与控股股东对管理层的监督作用都表现为正向作用时,投资者法律保护与上市公司股权集中度反向变化;当二者没有形成合力而是相互替代或抵消时,投资者法律保护与上市公司股权结构的关系不确定。Castillo 和 Skaperdas(2003)的模型关注投资者法律保护水平与上市公司控股股东和管理层的持股比例的关系,但没有得出二者之间的单向关系。Stepanov(2003)的理论模型的研究结论表明,投资者法律保护水平与上市公司股权集中度存在"U"型关系。栾天虹、史晋川(2004)建立的模型从控股股东直接控股、金字塔结构控股两个角度分析了投资者法律保护与上市公司股权结构的关系,结论也表明二者之间存在反向变化的关系。

二、对相关文献的简单评价

自从 LLSV 提出集中的股权结构是一个国家投资者法律保护弱化的替代机制的观点以后,股权集中度就与公司代理成本、公司价值及股票市场发展问题联系起来。相关文献既有使用横截面数据进行的国别比较,也有就一个国家纵向的数据从时间序列角度的分析,但研究结论不尽相同。究其原因,笔者认为可能与投资者法律保护指标的选取及赋值方法不同、样本公司的选取标准差异等有关。就样本上市公司的选取标准而言,由于我国上市公司在 2005 年股权分置改革以前的国有股权变动或控制权转移主要受国有资产管理政策变动的影响及各级政府产业政策意图的制约,股权结构或股权集中度的变动不完全是利益关系的驱使,所以以全样本方法进行研究就有失偏颇。所以,在考察我国上市公司股权结构与投资者法律保护之间的互动关系时必须充分考虑我国股票市场发展的特殊性及投资者保护法律制度的变化特征。由于问题分析的角度不同,理论模型推导的结论有差异是可以理解的,但无论何种结论都需要用实际的数据进行验证。

第三节 上市公司股权结构、控制权私人收益和股票市场发展

一、基于分散股权基础上的代理问题研究文献

对股票市场发展的研究离不开对上市公司的考察。股份有限责任公司是现代股票市场中上市公司的企业制度形式,这种企业制度形式促进了资本的迅速集中和生产规模的扩大,极大地提高了社会资源的配置效率。但是,股份有限责任公司的法人财产制度及运营制度的设计使公司的所有者和管理者产生分离,由于二者的效用函数不同,公司所有者追求公司利润

和公司价值的最大化,而管理者则追求自身利益的最大化。对此问题最早进行研究的是 Berle 和 Means(1932),在其名著《现代公司与私有财产》中考察了当时美国最大的 200 家工业公司,结果发现公司所有权结构分散的特征十分明显,并明确提出了"公众公司所有权与控制权相分离"的论点。这就是在公司治理和公司金融研究中著名的"Berle-Means 命题"。

对于"Berle-Means 命题"所说的代理问题即所有者和管理者的利益冲突(理论界一般称之为传统代理问题),Jensen 和 Meckiing(1976)提出了一个更加规范的分析框架,他们将委托人与代理人之间的代理关系视作一种契约关系或合同关系,该种契约约定委托人聘用代理人代表他们来履行某些服务,并因提供该种服务而获取约定的报酬。由于委托人和代理人的效用函数不同,代理人追求自身效用的最大化,而忽视委托人的公司价值最大化目标,从而产生了委托人和代理人利益的冲突。如果代理人在其所服务的公众公司同时持有股份,则其比例越低,代理人对公司利润按股权比例分享的份额越小,代理人就有动机以额外津贴的形式侵占公众公司的利益;如果代理人在其所服务的公众公司没有股份,则其完全不分享公司按现金流权分配的红利,代理问题就更严重。因而,Jensen 和 Meckiing 认为,代理人的股份比例越低,其行为给外部股东所造成的负外部性就越严重,公司价值就越低,股票市场的发展就越缓慢。

二、基于集中股权基础上的代理问题研究文献

随着研究的深入,对公众公司股权结构分散的认识发生了转变。在本章第二节的文献综述中可以发现,相关学者指出在

投资者法律保护程度低的国家,上市公司股权集中是普遍的现象。并且很多研究发现除少数发达国家外,大部分国家,尤其是新兴或转轨经济国家的公众公司股权相对集中。正如上文所述,相对集中的股权结构是投资者法律保护程度低的一种替代机制,集中持有股票可以将外部投资者的现金流和控制权联系在一起,这样大股东去搜集信息并监督管理层,减少委托人和代理人信息不对称的程度,降低传统的代理成本;另外,大股东因为拥有对公司的控制权而可以通过与管理层对代理权的争夺来制约管理者即代理人。但是,相对集中的股权结构同样具有成本:首先,控股股东在公司管理中对管理层的强势地位和过度干预可能限制经理人员的独立经营权和积极性。其次,控股股东为掌握一个上市公司的控制权而进行的集中投资增加了投资风险。再次,过于集中的股权结构会降低股票市场的流动性,而流动性的降低将削弱市场对控股股东的监督作用。最后,也是最重要的代理成本,就是大股东或控股股东的利益和中小股东的利益不一致,控股股东利用自身的控制地位追求控制权私人收益,这实际上是对中小股东利益的侵占,降低了公司价值,不利于股票市场发展。Johnson、La Porta、Lopez-de-Silanes 和 Shleifer(2000)将控股股东追逐控制权私人收益的行为形象地称为"隧道挖掘"(tullelling)。

在现实资本市场上,投资者对上市公司控制权的争夺是经常发生的事。外部投资者为掌握一个上市公司的控制权而进行的集中投资并不符合金融学中分散投资以降低风险的投资基本原则。其中当然也存在实业投资者出于实际产业布局而控制某个企业的情况,但是,许多研究表明,大量对上市公司控制权的争夺是为了追逐超过其现金流权比例应获得利益的控制权私人收益。从公司治理的角度,基于委托—代理理论的逻辑,公司价值取决于管理者受监督的水平。管理者受到的监督越严格,他越致力于公司价值最大化目标。管理者受监督的水平首先与公司的股权结构有关。理论与实践都形成较为一致的观点:管理者受监督的水平与股权集中度成正比,股权集中度越高则股东与公司业绩的相关度越高,股东越有激励监督管理者的经营,以保证其收益随公司利润的增长而增长。但是公司的最终价值却并不一定与股权集中度呈正比例变化,这主要由于公司控制者对私利的追求形成了公司价值的漏出。栾天虹、史晋川(2003)在提出股权集中是弱的投资者法律保护结果的观点后,认为在投资者法律保护较弱的国家,控股股东剥夺中小股东所受到的法律与监管约束较少,侵害中小股东利益更容易,成本更低,则控制权私人收益的规模越大,这也正是大股东追逐公司控制权的根本原因。陈晓、王琨(2005)采用1998～2002年的数据研究了我国上市公司关联交易和与股权结构之间的关系,结果表明,上市公司的股权集中度与发生关联交易的规模显著正相关,而关联交易正是我国上市公司攫取控制权私人收益的重要途径,从而间接说明了上市公司股权集中度与控制权私人收益的正向关系。

上述基于不同股权结构认识的变化,使理论界对在股票市场上市的公众公司的主要代理问题的认识发生了转变,从而导致在分析股票市场发展的决定因素时理论分析的着眼点不同。针对传统的股东与管理者之间利益冲突的传统代理问题,股票市场发展研究关注的重点是如何优化上市公司的内部治理结构,降低经理人员的代理成本,提高公司价值;而针对控股股东损害外部中小投资者利益的委托－代理关系,股票市场发展研究关注的重点是如何优化投资者保护法律制度及执行效率等外部治理机制,降低控股股东对中小投资者利益的侵占或降低控制权私人收益,从而提高公司价值,促进股票市场发展。对于不同股权结构下出现的这种代理问题的差异,在上市公司丑闻集中、大规模爆发时表现更为明显,也为我们观察这种差异提供了更清晰的视角。小约翰·科菲(John C. Coffee)(2005)在《美欧公司丑闻差异的股权解释》一文中对此问题进行了详尽的分析。其研究结论是不同的股权结构导致公司丑闻的差异:公司欺诈的性质、实施者以及发生的概率都有不同。在分散的股权结构下,公司的管理者通常是丑闻的主角,方式通常是通过盈利操纵来影响公司股价,但是在股权分散的欧美国家,公司修正财务报告往往会引起股东私人集团诉讼、证监部门的调查和处罚、公司高管的变动及公司股价的大幅下跌,公司管理者之所以冒这么大的风险进行盈利操纵,其原因是这些国家上市公司高级管理者的薪酬构成中股权激励占较大比例,使管理者的报酬与公司股票价格密切联系,持有公司股票期权的公司管理者通过抬高公司股票价格可以获取高的报酬。在股权集中的情况下,控股股东往往是公司丑闻的主角,他们通常滥用其控制权使自己获利,而不是像管理者那样操纵公司盈利和公司股价来使自己获取高的股权激励,因为他们可以用损害其他股东利益的方式直接攫取控制权私人收益,即使出售其控制权股票,也很少在公开市场进行,而是通过私下协商寻求控制权溢价。Dyck 和 Zingales(2004)的研究表明,滥用控制权所获得的私利在不同国家的差别明显,比例从 −4% 到 65%,存在差别的原因很大程度上取决于一个国家的法律对中小投资者利益的保护程度。

Shleifer 和 Vishny(1986)认为股权的集中与上市公司效率正相关,原因是大股东可以监督管理层,从而增加公司的价值。但是,有许多经济学家指出集中的股权结构与公司绩效并非线性关系,具有代表性是经济学家 Tobin 提出的观点。他用 Tobin 曲线表示股权结构和公司绩效并进而公司价值和股票市场发展之间的关系。Tobin 曲线如图1—1所示:

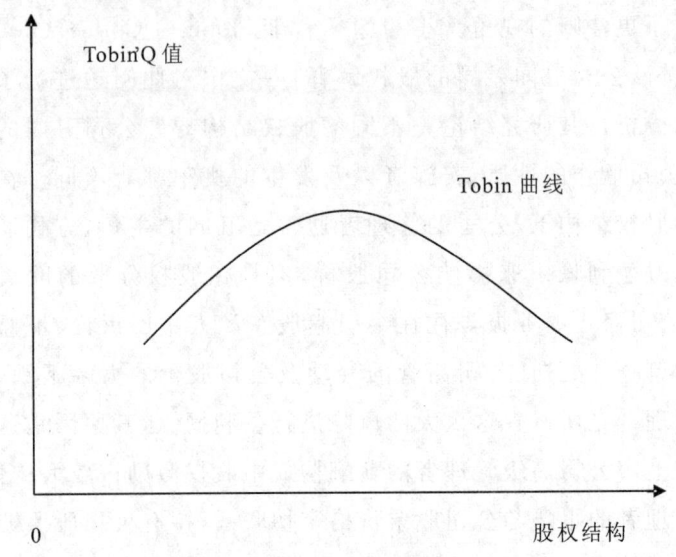

图1—1 Tobin 曲线

其中,横轴代表上市公司股权结构,越趋向原点表示股权结构越分散,反之,股权结构越集中;纵轴代表上市公司业绩的 Tobin'Q 值,越趋向原点表示公司价值越低,反之,越远离原点公司价值越高。Tobin 认为,在完全竞争市场条件下,高度分散和高度集中的股权结构都不利于提高公司业绩,其原因是,高度分散的股权结构导致所有者和经营者的第一类代理问题较严重,代理成本较高;高度集中的股权结构将形成控股股东,他们将攫取控制权私人收益,上市公司的代理成本主要是控股股东对中小股东的利益掠夺,降低公司价值。只有合适的股权结构才有利于公司治理,才能得到较好的公司业绩。

三、投资者法律保护、控制权私人收益与股票市场发展

（一）控制权私人收益计算模型的构建与实证研究

Barclay 和 Holderness(1989)最早建立了一个简单模型来度量控制权私人收益，他们的方法被称为控制权溢价方法。他们认为，收购者对大宗股份提出的每股收购价格反映了控制性股东所持股份的现金流份额和他的控制地位所隐含的私人收益；相反，收购的消息公布后公开市场上非控制性股东所持股份的股价只反映了他们按比例所拥有的现金流份额。所以，协议收购大宗股份的股价与公开市场股价之间的差异就可以用来度量控制性股东所持股份的私人收益，即控制权私人收益。按照此思路，他们提出了控制权私人收益的计算公式，并实际测算了 1978~1982 年纽约证券交易所 5% 以上的 63 宗涉及控制权的大宗股权交易的控制权私人收益水平。Hanouna、Sarin 和 Shapiro(2002)提出大小宗股权交易价差法，基本思路与 Barclay 和 Holderness 的控制权溢价相同，只是对控制权溢价的比较基础的选择不同，在测算控制权私人收益时，区分控制权交易和小额股权交易，并按适当方法对二者进行配对，以控制权交易价格相对于小额股权交易价格的溢价来估计控制权私人收益，他们用该方法对西方七国 1986~2000 年间发生的 9566 个样本进行研究，研究结果表明控制权私人收益的水平为 18% 左右。Dyck 和 zingales（2004）对 Barclay 和 Holderness 的模型进行了修正，放宽了完全竞争的市场假定，在不完全竞争的条件下，进行了模型的推导，并以推导的模型

实际计算了 1990～2000 年 39 个国家和地区的 300 多个样本，计算的控制权私人收益水平为 14%。Zingales(1995)提出了计算控制权私人收益的投票权溢价方法，即按投票权不同的股票的价值计算投票权溢价的方法来估计控制权私人收益的计量模型，Nenova(2003)，Dyck 和 Zingales(2004)分别使用类似的度量控制权私人收益计量模型对国别数据做了实证检验。针对我国上市公司存在的特别处理公司，即 ST 公司，Bai、Liu 和 Song(2002)提出了计算控制权私人收益的 ST 公司累计超常收益法(简称 CAR 法)，他们认为在研究中国上市公司控制权私人收益时，通过观察 ST 公司控制权的争夺，可以较好地测算控制权私人收益的水平，他们以沪深股市 66 家 ST 公司为样本，运用上述方法计算其累计超常收益，结果发现其累计超常收益水平的均值为 28.99%(中值为 26.32%)。

国内学者利用我国上市公司数据对我国上市公司控制权私人收益进行了实证研究，由于研究方法和选取的时间段不同，研究结果也不尽相同，基本没太大可比性，并且都没有利用中小投资者法律保护程度的变化进行解释。唐宗明和蒋位(2002)在研究我国上市公司控制权私人收益时，以 Barclay 和 Holderness 的控制权溢价模型为基本思路，考虑我国的实际情况，只选取了涉及非流通股的控制权转让，而剔除了流通股转让的样本，并且也把由于担保诉讼等事项导致的股权被强制拍卖产生的股权转让排除掉，按照此标准从沪深两市 1999 年至 2001 年间筛选出 90 个样本，实际测算出大宗股权转让平均溢价为 27.9%，控制权私人收益水平为 6%。施东晖(2003)运用大小宗股权交易价差法，对我国股票市场 1997 年至 2001 年的控股权交易情况进行配对，共筛选出 35 个符合条件的样本，计算出该时期我国上市公司的控制权私人收益水平为

24.2%。韩德宗、叶春华(2004)在对我国股票市场控制权私人收益研究时以 Barclay 和 Holderness 的控制权溢价模型为基本思路,他们选取了1998年至2001年控制权交易的88个样本,研究结论表明该时期我国上市公司的控制权溢价平均水平为40.2%,考虑样本中控制权交易所含的股权比例,经折算后我国上市公司的控制权私利规模为14.1%。叶康涛(2003)在测算我国上市公司控制权私人收益时,针对股权分置的实际情况,对上市公司转让的股权按流动性、是否控股加以区分,在计算方法上更贴近实际,他把非控股、非流通股份价值作为控制权溢价比较基础,选择我国股票市场2001年的162个样本,实际计算的结果表明控股、非流通股转让相对于非控股、非流通股的溢价大约为28%。胡旭阳(2004)以2003年上半年发生的我国国有股权转让交易为样本,以受让方是否成为第一大股东和受让的股份数量与上市公司前十大股东持有的股份数量的比值代表受让方对受让公司的控制权,分析了我国上市公司控股股东控制权的私人收益问题。实证研究结果表明,我国上市公司控股股东的控制权具有较高的私人收益。唐宗明、余颖和俞乐(2005)以2002~2004年我国上市公司控制权转让交易为样本,对控制权转让溢价水平进行了实证分析,得出控制权转让溢价与转让股份比例成正比,与公司规模、公司现金比率、流通股股数、公司净资产收益率成反比。除现金比例外,其余变量对转让溢价水平的影响在统计上均显著等。林朝南(2007)在计算我国上市公司控制权私人收益时特别强调从控制权价值中剔除共享收益,并用特定的方法对共享收益进行了剔除,他选择2001~2004年我国A股市场上有效样本308个,结果发现,控制权私人收益的均值达到企业净资产规模的15.77%,且差异比较大。马忠(2007)在进行上市公司控制权收益测算时,也强调了在控制权溢价中对共享收益的扣除,但是度量控制权共享收益的具体方法与林朝南(2007)不同,他选取了1998~2004年的有效样本241个,结论表明控制权私利规模的均值为公司净资产的13.75%,为非流通股价值的22.88%。邓德强、潭婕(2007)探讨了该Barclay和Holderness控制权私人收益计量模型在我国的适用性,并提出一个适应我国资本市场特点的修正控制权私人收益计量模型,并采用该模型,以深沪两地股票市场1995~2004年间共发生的231项涉及控制权转移的大宗股权交易为样本,对我国上市公司的控制权私人收益进行了计量和影响因素分析。研究发现,我国上市公司的平均控制权私人收益为0.081。控制股东持股比例越高,其获取的控制权私人收益越大;公司规模越小,控制权私人收益越大;公司财务状况越差,控制权私人收益越大。周世成(2010)在计算上市公司控制权私人收益时,主要采用了控制权溢价模型的基本思路,但同时使用了三个计量控制权私人收益的不同口径公式,按控制权转移的口径选择了1997~2006年的196个样本。他从时间序列计算出了从1997年至2006年每年的控制权私人收益的水平及总的均值,三个口径指标的均值分别是12.48%、19.37%和39.24%。

从上述我国学者对我国上市公司控制权私人收益的测算可以看出,大部分研究使用了国外学者的控制权溢价方法并结合我国股权分置的特点进行了修正,但结论不尽相同,甚至有相当差距,笔者认为这与计算方法的差异及样本区间的选择有关,在下文笔者将对其详细比较,并提出自己的计算方法。

（二）投资者法律保护、控制权私人收益、股票市场发展关系的实证研究

国外学者在实证研究投资者法律保护、控制权私人收益、股票市场发展关系时基本上是进行国别比较。Lemmon 和 Lins(2003)利用东亚 8 个国家 800 家公司在 1997 年东亚金融危机中的样本数据检验所有权结构、公司治理和股票回报之间的关系，结论认为，在东亚地区，由于法律对投资者的保护很弱，金融危机期间控股股东和小股东的利益冲突越发严重，即控股股东获取的控制权私人收益水平高，这种情况在法律执行不力的国家更加显著。研究表明，公司治理变量，尤其是法律对投资者的保护程度比宏观经济变量更能解释汇率和公司价值的变化。Kuznetsov 和 Muravyev(2001)利用俄罗斯的 263 家蓝筹公司 1995~1997 年的数据，考察了股权集中度与公司价值的关系。发现股权集中度与劳动生产率正相关，与利润率呈 U 型关系，但与托宾 Q 值负相关，说明控股股东可以提高公司效率，但公司因效率提高而增加的价值却大部分被控股股东转移为自己的私人收益，小股东并没有从公司效率提高中获益。另外，当公司控股股东为国家时，可以在一定程度上抑制这种掠夺行为。Nenova(2003)建立了包括法律环境、并购规则、公司章程条款、类别股份的价值差异、税率和注册成本等一系列度量法律对投资者保护程度的指标，利用 18 个国家 661 个公司 1997 年的样本数据，考察了投票权价值和控制权的私人收益。发现控制权价值占公司价值的比例在不同国家的差异很大，并说明法律结构对一个国家公司的控股股东能够侵占的私人收益起到了至关重要的作用，法律对投资者的保护和控制性股权转移的规制很重要，但司法和监管部门对法律规章的

执行力度才是关键。Dyck 和 Zingales(2004)利用 1990~2000 年 39 个国家的 412 次控制权交易的数据度量了控制权的私人收益,并且分析了什么样的制度因素对于制约控制权的私人收益最重要,包括:更好的会计信息披露制度、一个高水平的中小投资者保护的法规体系和高水平的执法能力、更具有竞争性的产品市场、更多分散化的媒体发行和流通,税法的强制执行制度更严格。Doidge(2004)从新的角度实证研究了投资者保护的法律制度与上市公司私人收益之间的关系。该研究以 1994~2001 年的 745 家非美国本土的具有双重股权的公司为样本,其中 137 家在美国上市,其余在本土上市的公司作为对照组。研究结果显示,通过 ADRs 在美国 NYSE 和 Nasdac 上市的公司投票权溢价比未在美国上市的公司投票权溢价平均低 43%。在美国上市的公司有投票权股票和无投票权股票价格都上升,但无投票权股票价格上升更快,导致投票权溢价下降。以投票权溢价度量的控制权私人收益与该公司所在国的法律对中小投资者的保护程度相关,一国对中小投资者的法律保护程度和执法效率越低,在美国上市导致控制权私人收益下降越多。

我国相关学者对我国上市公司控制权私人收益进行测算的同时,也对影响控制权私人收益的影响因素进行了探讨,但分析的角度差别较大,唐宗明和蒋位(2002)分析了我国上市公司控制权私人收益与公司规模、公司债务、公司收益水平、自由现金水平的关系,叶康涛(2003)分析了我国上市公司控制权私人收益水平与控股股东控制力、公司股权流动性差异的关系,韩德宗和叶春华(2004)分析了我国上市公司控制权私人收益与公司总资产、上市公司流通股比例之间的关系,林朝南(2007)分析了我国上市公司控制权私人收益与上市公司行业特征、公司特征及公司内部治理的关系等。但是缺少对重要的投资者法律保护因素的研究,而这一重要的制度因素在国外的研究中已经被普遍证明对上市公司控制权私人收益及公司价值和股票市场发展有重要影响。

(三)对投资者保护、控制权私人收益、股票市场发展关系的理论分析

上述文献基本上表达了这样的逻辑思路:一个国家或经济体的投资者保护法律程度低,则控股股东对外部中小投资者的利益侵占程度越高,即控制权私人收益越高,公司价值越低,最终阻碍其股票市场的发展。但是,在对控制权私人收益与股票市场发展关系的研究中,对控制权私人收益是否降低公司价值并阻碍其股票市场发展,也有学者表达了不同的观点:上述文献中提到的 Dyck 和 Zingales(2004)也指出控制权私人收益的存在并不一定造成公司的效率损失;Grossman 和 Hart(1980)在提出控制权私人收益概念时还认为在控股股东争夺控制权私人收益的过程中可能使某些公司并购行为增进了公司价值;Holderness(2003)认为控制权私人收益给上市公司带来的被所有股东共享的利益可能超过控股股东攫取的私人收益,中小股东的福利水平是提高的;Hannes(2006)也表达了基本相同的观点;我国学者周世成(2010)建立了以控制权交易为衡量指标的分析模型,指出控制权私人收益具有不确定性。其实证研究的结论是控制权私人收益提高了公司效率。

对投资者保护法律与控制权私人收益的逻辑关系是明确的,因为控股股东以关联交易、非法担保、虚假信息等形式攫取私人收益都是对中小投资者利益的非法侵占,各国证券法律和监管都是要禁止的,问题的关键是法律体系的完备程度和执行效率决定了这种侵占行为发生的概率和程度,因而投资者法律保护程度高则控制权私人收益获取行为发生的概率就低、成本就高,也就决定了投资者保护与控制权私人收益的反向关系。但是,对控制权私人收益与公司价值及股票市场发展则有不确定性的联系:对控制权私人收益的研究是建立在股权集中的基础上的,如前所述,上市公司集中的股权结构降低了传统的代理成本即所有者和管理者的利益冲突,但突出了新的代理问题即大股东和中小股东的利益冲突,二者方向相反,最终的结果是不确定的,有可能降低了公司价值,促进了股票市场发展,也可能相反。相关学者在研究股权结构及其治理绩效时把股权集中的这两种治理效应总结为利益协同效应和利益侵占效应,前者是指高度集中的股权使控股股东的利益和公司的利益更加一致,控股股东有足够的激励收集信息和监督管理者,从而降低传统的代理成本,提高公司价值;后者指在股权集中的情况下,控股股东利用自身对公司的控制地位侵害中小投资者利益,攫取控制权私人收益,降低公司价值。对于存在两种效应的集中股权的最终治理效果也正是本书研究中关注的一个重要节点。笔者认为,在对我国具体问题进行研究时,无论是对投资者保护的研究,还是对股权结构和控制权私人收益的研究,落脚点都应该是判断其与股票市场发展的关系,并且必须结合我国公司及股票市场的具体情况进行分析。但问题是如何把这些变量纳入一个统一的分析框架。西方学者对上述变量之间的关系也通过建立模型的方法进行了研究。在本章下一节将首先说明这些学者的理论模型,在借鉴的基础上,根据我国的具体情况提出本书的研究模型及研究假定。

第四节 相关理论模型述评及本书研究模型构建

较早对上市公司股权结构、控制权私人收益与公司价值之间关系进行研究的是 Edwards 和 Weichenrieder(1999),但是他们的模型分析并没有纳入投资者法律保护变量,也没有得出清晰的结论;LLSV(2002)建立了投资者法律保护、存在控股股东的股权结构和公司价值之间相互关系的理论模型,该模型为研究集中股权情况下的投资者保护问题提供了清晰的分析框架,被许多国内外学者所采用。本节将对这两个具有代表性的理论模型进行简要说明和评析,在此基础上,构建本书分析框架的理论模型并提出研究假定。

一、Edwards 和 Weichenrieder 的理论模型及其评价

(一) 模型简介

模型首先对公司利润函数和控制权私人收益的成本函数进行了假定,其中公司利润函数中的治理变量只关注了内部治理和传统的代理成本。具体假定如下:

第一,公司利润函数为: $\pi = \pi(J, M)$,其中 π 为利润,J 为除公司治理变量外的公司其他特征向量,M 表示公司内部治理水平;$M = M(k, \alpha, z)$,其中 k 为公司第一大股东掌握的控制权比例,α 为第一大股东按股份分享公司利润的比例即现金流权

比例，z 为第二大股东的控制权比例。

第二，公司控股股东控制权私人收益成本函数为：$C=C(T,k,z,E)$，其中，C 表示控制权私人收益的转移成本，T 表示控制权私人收益的水平，E 为公司权益规模。

根据以上假定可知，公司利润函数可表示为：$\pi=\pi[J,M(k,\alpha,z)]$。由于随着公司内部治理水平提高，公司绩效也提高，则利润关于内部治理水平的一阶导数 $\pi_M>0$；又由于随着公司大股东持股比例的增加，所有者对管理者约束能力加强，信息不对称减少，传统的代理成本降低，治理效率提高，则：$M_k\geqslant 0; M_\alpha\geqslant 0; M_z\geqslant 0$。①

若公司用于向所有股东分配的净利润为 D，则：

$$D=\pi[M(k,\alpha,z)]-T-C(T,k,z,E) \quad (1-1)$$

若平均每股的控制权私人收益水平为 t，则 $t=T/E$。若控制权私人收益不存在，则 $C=C(0,k,z)=0$。又可推导出 $C=C(T,k,z,E)=C(T,k,z)\times E$。由于第一大股东持股比例增加，则其对公司控制权提高，其获取私利的阻碍越小，获得私利的成本越低；第二大股东持股比例增加，则第一大股东获取私利的约束增加，获得私利的成本越高；获取私利的水平越高，则成本越高。则可知：

$$C_k>0; C_z\geqslant 0; C_t\geqslant 0; C_{tt}\geqslant 0; C_{tk}\leqslant 0; C_{tz}\geqslant 0 \quad (1-2)$$

由（1-1）可知，控股股东的每股净利润为：

$$q=\pi[M(k,\alpha,z)]/E-t-C(t,k,z) \quad (1-3)$$

则控股股东每股得到的总收益由按现金流权分配的每股红利和其独占的控制权私人收益两部分组成，即：

---

① "$=0$"表示 M 的自变量 k,α,z 在有些取值水平上的边际变化不影响公司内部治理水平。

$$\Omega/E = \alpha q + t = \alpha \pi [M(k,\alpha,z), J]/E - \alpha t - \alpha C(t,k,z) + t \tag{1-4}$$

则控股股东的收益最大化的条件就是(1-4)式对 t 的一阶偏导并令其为零,可得:

$$-\alpha - \alpha C_t(t^*, k, z) + 1 = 0$$
$$1 = \alpha[1 + C_t(t^*, k, z)] \tag{1-5}$$

其中,在控制权私人收益达到最优值 t^* 等式右边即为控股股东的边际成本,左边为边际收益。另外,根据(1-2)和(1-5),可推导出以下关系式:

$$t_k^* = -\frac{C_{tk}}{C_{tt}} \geqslant 0 ; t_\alpha^* = -\frac{1}{\alpha^2 C_{tt}} < 0 ; t_z^* = -\frac{C_{tz}}{C_{tt}} \leqslant 0 \tag{1-6}$$

从上述等式可知:控股股东控制权比例 k 与控制权私人收益 t 呈现正向变化关系;控股股东按股份分享公司利润的比例 α 与控制权私人收益变化方向相反;第二大股东控制权比例 z 与控制权私人收益变化方向相反。

由(1-3)求控股股东的每股净利润对控股股东控制权比例 k 的一阶偏导,可得:

$$\frac{\partial q}{\partial k}[(\pi_M M_k)/E] - (1+C_t)t_k^* - C_k \tag{1-7}$$

结合(1-2)式中的结论,可知在上式中,$[(\pi_M M_k)/E]$ 必然为正值,说明控股股东的控制权比例与公司效率正相关;$-(1+C_t)t_k^*$ 必然为负值,表明控股股东的控制权比例的增加将导致控制权私人收益水平提高,降低公司效率;$-C_k$ 取值为正,表明控股股东控制权比例的变化通过控制权私人收益获取成本的变化而对公司利润的影响。从以上分析可知,(1-7)式不能确定控股股东的控制权比例对公司效率的影响的总效应。

由(1-3)求控股股东的每股净利润对现金流权比例 α 的一阶偏导,可得:

$$\frac{\partial q}{\partial \alpha}=[(\pi_M M_a)/E]-(1+C_t)t_a^* \qquad (1-8)$$

结合(1—2)式中的结论,可知在上式中,$[(\pi_M M_a)/E]$必然为正值,说明控股股东的现金流量权比例与公司效率正相关;$-(1+C_t)t_a^*$必然为正值,表明控股股东的现金流量权比例导致控制权私人收益水平降低,提高了公司效率。二者的变化方向相同,则可以说明控股股东的现金流量权比例与公司效率正相关。

Edwards 和 Weichenrieder 的模型中还说明了第二大股东的控制权比例与公司利润的关系,但由于与本书讨论的内容关系不大,在此不予赘述。

(二) 对模型的简要评价

上述理论模型首次注意到上市公司股权集中程度对公司绩效的影响,突破了"Berle-Means 命题"中所说的传统代理问题的研究范式,提出了大股东攫取控制权私人收益对公司绩效的影响,而不是仅仅关注所有者和管理者的利益冲突问题对公司价值的影响。并且,在分析股权结构时,区分了控制权和现金流权。该理论模型首次尝试将上市公司股权结构、控制权私人收益与公司价值纳入统一的分析框架进行研究,具有理论创新意义。

但是,笔者认为该理论模型存在明显的不足,具体来讲有以下几点:

其一,在模型的分析框架中只纳入了公司内部治理变量对公司绩效的影响,而没有关注外部治理变量对公司绩效的影响。具体而言,所指的内部治理变量即控股股东对公司管理者的监督、对控制权私人收益的掠夺、第一和第二大股东控制权比例对转移公司利润成本的影响等以及这些内部治理变量对公司绩效的影响。可能是法律与金融的研究在当时刚刚起步,该模型并没有注意到投资者保护法律这一重要的外部治理变量与股权结构、控制权私人收益及公司价值之间的关系。如上文所述,众多学者的研究证明投资者保护法律及其执行效率对股权结构、控制权私人收益及股票市场发展有重要影响。

其二,模型的分析没有得出清晰的结论。在分析控股股东控制权比例对公司绩效影响时,仅指出控股股东的控制权比例与公司效率、控股股东的控制权比例与控制权私人收益水平、控股股东的控制权比例与控制权私人收益获取成本之间的独自的变化关系,而无法确定控股股东的控制权比例对公司效率的影响的总效应。模型的确定性结论只有控股股东的现金流量权比例与公司效率正相关。这导致模型对实际研究的指导意义大打折扣。

其三,由于没有把投资者保护法律这一重要的外部治理变量纳入分析框架,所以该模型在研究中将所有权结构作为外生变量,认为上市公司的股权结构是既定的。如前文所述,许多经济学家认为,一国上市公司的股权结构是投资者保护程度决定的,换句话说,即股权结构是投资者保护法律的函数。Bcbchuk提出的护租理论就明确指出了控股股东的控制权私人收益水平决定了公司的股权结构,而投资者保护程度又决定了中小股东利益的受侵害程度或控制权私人收益的水平。

二、LLSV 的理论模型及其评价

(一) 模型简介

Jensen 和 Meckling(1976)所阐述的代理问题是在股权分散的基础上给出的理论框架,LLSV(2002)在一篇题为《投资者保护与公司价值评估》的文章中,发展了 Jensen 和 Meckling(1976)的代理理论。他们针对现实中较普遍的股权集中的情况提出了关于投资者法律保护、存在控股股东的股权结构和公司价值之间相互关系的理论模型。该模型为研究集中股权情况下的投资者保护问题提供了清晰的分析框架,被许多国内外学者所采用。

该模型是基于现实中控股股东存在控制权和"隧道挖掘"行为的高度理论概括,因而给出以下严格的基本假设条件:

其一,所考察公司仅存在一个控股股东。该假定在现实中是有根据的,许多学者的研究证明,在很多国家里,股权都高度集中在创始家族的手里。

其二,控股股东拥有份额的现金流所有权,即在公司股权中其所占比例。该条件为外生给定。需要说明的是,控股股东通常拥有比现金流所有权份额更多的投票权,因为控股股东会通过优先股计划、金字塔控股体系、交叉持股控制董事会等来实现这个目的。

其三,控股股东同时掌握公司的经营权。现实中,控股股东不一定全部掌握公司经营权,但一般情况下外聘管理者不对控股股东侵占中小股东利益构成障碍,因而该条件相对存在。

其四,不考虑投资成本,在公司将现金量为 I 的资金投资

于一项回报率为 R 的项目时,公司利润为 RI。

其五,假设控股股东在公司利润向所有股东按所有权比例分配前获得的控制权私人收益的比例为 s。

其六,控股股东获得控制权私人收益属于掠夺行为,各国在证券市场的投资者法律保护中都对此进行重点监管,因而大股东这些掠夺行为也要付出法律成本。假设大股东的掠夺成本为 $c(k,s)$,它是一国法律对投资者的保护程度 k 和利润转移比例 s 的函数。其中,$k>0$,即一国对投资者的法律保护程度,其值越大,则保护程度越高。模型根据已有研究的结论进一步假设:$c_k>0$,表示一国投资者法律保护程度与控股股东的掠夺成本正相关;$c_s>0$,表示控股股东的掠夺成本与其获得的控制权私人收益正相关;$c_{ss}>0$,表示控股股东的控制权私人收益的边际成本递增;$c_{ks}>0$,表示一国中小投资者法律保护程度越高,大股东的控制权私人收益的边际成本是递增的。

其七,假定利润转移的成本由控股股东来承担,则控股股东在公司利润中获得的收益为 $\alpha(1-s)RI+sRI-c(k,s)RI$。其中,控股股东掠夺的净收益是 $sRI-c(k,s)RI$。

根据理性人假定,公司控股股东将使 $\alpha(1-s)RI+sRI+c(k,s)RI$ 最大,即使其收益最大化。其中,假定 RI 独立于其最优解,则考察控股股东的最优行为即是对下面的式子求极大值:

$$U=\alpha(1-s)+s-c(k,s) \qquad (1-9)$$

求关于 s 的一阶偏导并令其为零,可得:

$$U_s=-\alpha+1-c_s(k,s)=0 \qquad (1-10)$$

整理后得:
$$c_s(k,s)=1-\alpha \qquad (1-11)$$

其中,α 为控股股东在公司股权中所占份额,所以 $\alpha<1$,则 $1-\alpha>0$。(1-11)式表明,在投资者法律保护程度既定时,控股股东的股权比例越大,则其从公司中掠夺的控制权私人收益的成本越大,就会降低获得控制权私人收益的动机,与中小股东的利益越一致。

将(1-11)式对 k 求一阶偏导,可得:

$$c_{ks}(k,s)+c_{ss}(k,s)\frac{ds^*}{dk}=0 \qquad (1-12)$$

将(1-11)式对 α 求一阶偏导,可得:

$$c_{ss}(k,s^*)\frac{ds^*}{d\alpha}=-1 \qquad (1-13)$$

根据前文的假设 $c_{ks}>0$ 和 $c_{ss}>0$,可得:

$$\frac{ds^*}{dk}=-\frac{c_{ks}(k,s)}{c_{ss}(k,s)}<0 \qquad (1-14)$$

$$\frac{ds^*}{d\alpha}=-\frac{1}{c_{ss}(k,s^*)}<0 \qquad (1-15)$$

式(1-14)表示一国投资者法律保护程度与控股股东的控制权私人收益负相关,式(1-15)表示控股股东的控制权私人收益与其在公司股份中所占份额即其所拥有的现金流权负相关。

如果用托宾的 Q 值代表公司价值,则 $Q=(1-s^*)R$,并由上文的结论已知, $\frac{ds^*}{dk}<0, \frac{ds^*}{d\alpha}<0, R$ 为正,可得:

$$\frac{dQ}{dk}=-\frac{ds^*}{dk}R>0 \qquad (1-16)$$

$$\frac{dQ}{d\alpha}=-\frac{ds^*}{d\alpha}R>0 \qquad (1-17)$$

式(1-16)和(1-17)表明一国投资者法律保护程度和上市公司价值正相关,控股股东的控股比例与公司价值正相关。

(二)对模型的简要评价

其一,LLSV 的上述模型对投资者法律保护、上市公司股权结构与公司价值并进而一国股票市场发展之间的关系给出了一个严密的分析框架。

其二,由于各国股票市场的建立背景、发展历史、市场制度存在很大差异,这种定性关系是否存在以及定量关系程度如何都有很大争议,许多学者的研究结论中提出的对解释这种关系的解释变量也不尽相同。概括起来,一国投资者法律保护程度与上市公司价值以及股票市场发展正向关系的解释得到研究者的普遍认同,但是,对上市公司控制权私人收益和公司价值的关系还存在很大争议。如 Grossman 和 Hart(1980)公司控股股东私人收益的存在提高了公司并购的效率。Holdness(2003)认为控制权私人收益不损害公司利益,因为大股东拥有公司控制权能产生所有股东分享的共同利益,反而提高了中小股东的利益水平。Dyck 和 Zingales(2004)控股股东的存在以及对控制权私人收益的获取并不一定使公司价值降低。在对我国股票市场相关问题研究时,周世成(2010)得出了现阶段我国控制权私人收益的规模反而与金融发展正相关的结论。

其三,最重要的是 LLSV 的模型中没有区分上市公司控制权和现金流权的分离对控制权私人收益、公司价值的影响。在设定假设前提条件时,虽然也提到了控股股东通常拥有比现金流所有权份额更多的投票权,并认为这是因为在实践中控股股东会通过优先股计划、金字塔控股体系、交叉持股控制董事会等来实现这个目的,但在模型中并没将其纳入分析框架。对于控制权和现金流权的分离的观点,LLSV(2000)是在说明投资者法律保护与上市公司股权结构的关系时提出的。他们认为,当投资者法律保护较差时,就容易以较低的成本获取控制权私人收益,取得上市公司的控制地位就需要集中的控制权;同时,他们指出控股股东的现金流权的比例与控制权私人收益呈反方向变化,与公司价值同方向变化,即较高比例的现金流权使控股股东的利益与中小投资者利益趋于一致,可以降低其攫取中小股东利益的动机。对现金流权与控制权私人收益和公司价值之间关系的观点在其分析模型中得到了很好的体现,但关于控制权与现金流权分离的作用及影响则没有进行分析和讨论。这就造成模型结论在实践指导上的混乱:结论之一是投资者法律保护程度的提高会降低控股股东的控制权私人收益、提高公司价值、促进股票市场发展,但另一个结论是控股股东在上市公司的股权比例即现金流权比例的提高会降低控制权私人收益的水平、提高公司价值。另外,在 LLSV 的前期研究中,投资者法律保护程度与上市公司股权集中度具有反向关系的结论一直被强调。这就意味着为降低控制权私人收益、提高公司价值、促进股票市场发展,对策之一是提高投资者法律保护水平,另一个即是提高上市公司控股股东的持股比例,而提高投资者法律保护水平和提高上市公司控股股东的持股比例又是矛盾的。笔者认为,在同一分析模型的分析结论中出现该问题的原因即是没有区分控制权与现金流权的分离。

三、本书研究模型的构建

根据上文对 Edwards 和 Weichenrieder 模型和 LLSV 模型的分析,笔者认为前者的主要问题是模型没有将投资者法律保护这一重要的外部治理变量纳入模型分析框架及没有得出清晰的分析结论,而 LLSV 的模型的主要问题是没有关注控制权和所有权分离及由此导致的分析结论指导方向上的矛盾。笔者试图在 LLSV 模型的分析基础上,完善投资者法律保护、控制权私人收益与股票市场发展关系的分析模型,并以此为基础提出本书的研究假设，下文将利用我国股票市场的实际数据验证这些假设并提出相应的研究结论。

（一）模型构建

上文曾提到 Shleifer 和 Vishny(1997)对控制权私人收益与股权结构的论述，他们在一篇文献综述的文章中指出上市公司控股股东的投票权和现金流权和分离将导致股权集中产生的代理问题，即控股股东掠夺控制权私人收益，侵占中小股东利益。他们在分析其中的原因时认为这主要是控股股东利益权衡的结果。控股股东利用其在上市公司中控制地位掠夺控制权私人收益，公司按所持股份的可分配利益就会减少，控股股东按公司分配方案所分配的利益也会减少，但是只要控股股东所获取的控制权私人收益超过该部分损失，控股股东就有动机转移上市公司资源，剥夺中小股东利益，获取控制权私人收益。在我国股票市场发展过程中，由于股权高度集中，控股股东通过关联交易、担保、公开掠夺等方式侵害中小股东利益的现象已经成为我国上市公司治理中久拖未决的突出问题。

本书构建的模型以 LLSV 的模型为基础，但同时纳入控制权和现金流权两个变量，并且考虑 Edwards 和 Weichenrieder 模型中对上市公司中除控股股东外的其他大股东的内部治理约束的因素。① 对部分研究假定进行拓展如下：

其一，控股股东拥有 α 份额的现金流所有权，即在公司股权中其所占比例，由于控制权和现金流权分离的现象在实践中广泛存在，设 v 代表控股股东拥有的投票权，则 v 和 α 的差额

---

① 本书构建的模型部分参考了石水平的分析方法，载《金融研究》2010 年第 4 期。

就表示控制权和现金流权的分离程度。

其二,控股股东获得控制权私人收益的成本取决于投资者法律保护程度 k、掠夺控制权私人收益的比例 s、控制权比例 v 和现金流权比例。则控股股东的掠夺成本可表示为 $c(k,s,v,)$。其中, $k>0$, 即一国对投资者的法律保护程度, 其值越大, 则保护程度越高。模型根据已有研究的结论进一步假设: $c_k>0$, $c_{ks}>0$ 表示一国投资者法律保护程度与控股股东的掠夺成本及边际成本正相关, 控股股东掠夺同样的私利在法律保护程度高的情况下受到的处罚更严厉; $c_s>0$, 表示控股股东的掠夺成本与其获得的控制权私人收益正相关; $c_{ss}>0$, 表示控股股东的控制权私人收益的边际成本递增; $c_{ks}>0$, 表示一国中小投资者法律保护程度越高, 大股东的控制权私人收益的边际成本是递增的。转移利润的增加, 边际成本也将随之上升。另外, 对于控制权变量和现金流权变量有如下推论: 控股股东拥有的直接或间接投票权即控制权越高, 则其在公司内受到的约束越少, 越容易侵害其他股东利益, 即获取控制权私人收益的成本和边际成本将越低, 则有 $c_v<0$, $c_{sv}<0$; 控股股东在上市公司中的股权比例或现金流权越高, 则其利益与其他股东利益越一致, 侵占成本和边际成本越高, 则有 $c_a<0$, $c_{sa}<0$。

其三,借鉴 Edwards 和 Weichenrieder 模型中对第二大股东的治理约束的思路, 上市公司内部大股东之间的相互制衡可以起到好的治理效果在实践中有广泛的事实依据, 如 2010 年闹得沸沸扬扬的国美控制权争夺就是很好的例证, 公司第二大股东贝恩资本对第一大股东黄光裕家族起到了很大的内部制约作用。在此, 本书以控股股东获取控制权私人收益的成功概率表示公司内部大股东之间的治理效果。令 $p(0<p<1)$ 表示控股股东获取控制权私人收益的成功概率, 当控股股东对公司的

控制处于绝对优势地位,即其控制权远大于其他股东时,则 p 越大;反之,当控股股东对公司的控制权相对较弱,即其他股东持有的投票权总和相对于控股股东持有的投票权较多时,对控股股东的约束越强,上市公司的内部治理约束越强,控股股东获取控制权私人收益的成功概率 p 将越低。基于以上分析,控股股东对上市公司获取控制权私人收益的成功概率与其对公司控制权有如下关系:$\frac{dp}{dv}>0$,表示控股股东对上市公司控制权比例越高,控股股东对上市公司获取控制权私人收益的成功概率越大。

根据以上假定,且利润转移的成本由控股股东来承担,则控股股东在公司利润中获得的收益为 $\alpha(1-ps)RI+psRI-c(k,sv,\alpha)RI$。其中,控股股东掠夺的净收益是 $psRI-c(k,s,v,\alpha)RI$。

根据理性人假定,公司控股股东将使 $\alpha(1-ps)RI+psRI-c(k,s,v,\alpha)RI$ 最大,即使其收益最大化。其中假定 RI 独立于其最优解,则考察控股股东的最优行为即是对下面的式子求极大值:

$$U=\alpha(1-ps)+ps-c(k,s,v,\alpha) \quad (1-18)$$

求关于 s 的一阶偏导并令其为零,可得:

$$U_s=-p\alpha+p-c_s(k,s,v,c)=0 \quad (1-19)$$

整理后得: $\quad c_s(k,s,v,c)=(1-\alpha)p \quad (1-20)$

其中,α 为控股股东在公司股权中所占份额,所以 $\alpha<1$,则 $1-\alpha>0$。(1-20)式表明,在投资者法律保护程度既定时,控股股东的现金流权比例越大,则其从公司中掠夺的控制权私人收益的成本越大,就会降低获得控制权私人收益的动机,与中小股东的利益越一致。

由(1-20)式对 v 求一阶偏导,则可得控股股东获取控制权私人收益的最优值 s^*：

$$c_{ss}(k,s,v,c)\frac{ds^*}{dv}+c_{sv}(k,s,v,c)=(1-\alpha)\frac{dp}{dv} \qquad (1-21)$$

对(1-21)式整理后得：

$$\frac{ds^*}{dv}=\frac{(1-\alpha)\frac{dp}{dv}-c_{sv}(k,s,v,\alpha)}{c_{ss}(k,s,v,\alpha)} \qquad (1-22)$$

根据上文分析,$1-\alpha>0, \frac{dp}{dv}>0, c_{sv}<0, c_{ss}>0$,则(1-22)式的取值必然为正。

求 U 对 v 的一阶导数,并且由上文结论 $1-\alpha>0, c_v<0$,即 $\frac{dc}{dv}<0$,可得：

$$\frac{dU}{dv}=(1-\alpha)\frac{ds^*}{dv}-\frac{dc}{dv}>0 \qquad (2-23)$$

(1-23)式符号为正表明,当上市公司控股股东的控制权即投票权越大时,其对控制权私人收益的掠夺就越多。

对(1-20)式求关于 α 的一阶偏导,即 $c_{ss}(k,s,v,\alpha)\frac{ds^*}{d\alpha}=-p$,整理后得：

$$\frac{ds^*}{d\alpha}=-\frac{p}{c_{ss}(k,s,v,\alpha)} \qquad (1-24)$$

在(1-24)式中,$c_{ss}>0, p$ 为概率,也为正值,则 $\frac{ds^*}{d\alpha}<0$。这说明控股股东攫取的最优控制权私人收益与其持有的公司股权即现金流权呈反方向变化。

对(1-20)式求关于 k 的一阶偏导,即 $c_{ks}(k,s,v,\alpha)\frac{ds^*}{dk}=-p$,整理后得：

$$\frac{ds^*}{dk} = -\frac{p}{c_{ks}(k,s,v,\alpha)} \qquad (1-25)$$

在(1-25)式中，$c_{ks}>0$，p 为概率，也为正值，则 $\frac{ds^*}{dk}<0$。这说明一国的投资者法律保护程度越高，控股股东攫取的最优控制权私人收益水平越低。

如果用托宾的 Q 值代表公司价值，则 $Q=(1-s^*)R$，并由上文的结论已知，$\frac{ds^*}{dk}<0$，$\frac{ds^*}{d\alpha}<0$，R 为正，则可得：

$$\frac{dQ}{dk} = -\frac{ds^*}{dk}R > 0 \qquad (1-26)$$

$$\frac{dQ}{d\alpha} = -\frac{ds^*}{d\alpha}R > 0 \qquad (1-27)$$

式(1-26)和(1-27)表明一国投资者法律保护程度和上市公司价值正相关，控股股东的控股比例与公司价值正相关。

(二) 模型的结论

通过以上分析，模型的结论可总结如下：

第一，一国的投资者法律保护程度越高，控股股东攫取的控制权私人收益水平越低。

第二，控股股东的控制权私人收益与其控制权和现金流权的分离程度呈同方向变化。这可以从上述模型的以下两个结论综合得出：上市公司控股股东的控制权越大时，其对控制权私人收益的掠夺就越多；控股股东的控制权私人收益与其持有的公司现金流权呈反方向变化。

第三，一国投资者法律保护程度和上市公司价值正相关。

四、本书的研究假设

通过上文笔者构建的关于投资者法律保护、控制权私人收

益与股票市场发展关系的分析模型及研究结论,笔者提出本书以下研究假设:

第一,随着我国股票市场的发展,我国上市公司投资者法律保护的程度不断提高。这有赖于选取适当的衡量指标的构建,并以此观察我国投资者法律保护程度的变化趋势。

第二,我国上市公司的股权集中度较高,但随着我国投资者法律保护程度的提高,我国上市公司的股权集中度呈现下降趋势。

第三,我国的投资者法律保护程度越高,控股股东攫取的控制权私人收益水平越低,上市公司的代理成本越低。

第四,我国上市公司控股股东的控制权私人收益与其控制权和现金流权的分离程度呈同方向变化。

第五,我国投资者法律保护程度和上市公司价值正相关,即随着投资者法律保护程度的提高,股票市场的发展水平越高。

本 章 小 结

本章在全面回顾、评析相关文献的基础上提出了本书的分析框架及各部分之间的逻辑联系,并构建了本书的理论模型。基于笔者构建的理论模型,提出了本书的研究假定。

关于投资者法律保护与股票市场发展关系,文献回顾承接导论中对该理论观点逻辑演变的分析,重点介绍了 LLSV 的理论观点。同时指出,相关文献对投资者法律保护与股票市场发展关系的研究大多是静态的跨国分析,存在明显的不足之处:

不能从发展的观点考察一个国家或经济体投资者保护的法律制度与本国股票市场发展的关系。另外,说明了该类研究仅仅以投资者保护法律体系为自变量来说明证券市场发展在研究方法上的不足,指出在研究二者关系时应结合不同股权结构特征及其所带来的不同代理问题。

正是基于传统的投资者法律保护与股票市场发展关系研究方法的不足,接下来本章梳理了投资者法律保护和上市公司所有权结构的关系的相关文献。关于投资者法律保护和上市公司所有权结构的关系,相关学者的观点存在差异。相关文献的主流观点认为,发达国家发展相对成熟,各种投资者保护的制度和措施相对完善,投资者法律保护的水平相对较高,上市公司股权相对分散;而转轨经济国家和新兴经济体则相反,资本市场发展的历史相对较短,各种投资者保护的各种制度与措施相对不完善,投资者保护水平较低,上市公司股权集中。文章对于投资者法律保护与上市公司股权结构之间关系进行了逻辑上的解释。

基于集中度不同的股权结构将产生不同代理成本的认识,本章重点回顾了股权结构、控制权私人收益与股票市场发展关系以及投资者法律保护、控制权私人收益与股票市场发展关系的相关文献,系统分析了它们之间的关系:投资者法律保护程度低,上市公司股权集中度高,产生控股股东侵占中小股东利益,攫取控制权私人收益,降低公司价值,阻碍股票市场发展。

对于投资者法律保护、控制权私人收益、公司价值与股票市场发展关系的理论模型,本章重点介绍和评析了 Edwards 和 Weichenrieder(1999)、LLSV(2002)的理论模型,并在借鉴的基础上提出了笔者的理论模型。关于 Edwards 和 Weichenrieder(1999)提出的上市公司股权结构、控制权私人收益与公司价值之间关系的理论模型,笔者指出其不足之处在于没有将投资者保护法律这一重要的外部治理变量纳入其中、没有得出明晰的结论等。关于 LLSV(2002)提出的投资者法律保护、存在控股股东的股权结构和公司价值之间相互关系的理论模型,笔者指出其没有区分上市公司控制权和现金流权的分离对控制权私人收益、公司价值的影响。最后,笔者在克服上述模型不足的基础上,提出了投资者法律保护、控制权私人收益与股票市场发展之间关系的分析模型,并推导出了清晰的结论。

最后,结合投资者法律保护、控制权私人收益、公司价值与股票市场发展之间关系的理论模型及其结论,笔者提出了本书研究的五点假设。

第二章　中国投资者法律保护程度的分析与度量

自从法与金融研究方法兴起以来,许多学者对中国投资者法律保护问题进行了相关研究,虽然研究方法不尽相同,但大部分的研究结论表明,我国股票市场上对投资者法律保护程度不高。中国股票市场投资者法律保护制度及其执行效率与中国的股票市场发展一样,带有明显的转轨加新兴经济的特点,因而,在对中国投资者法律保护程度进行度量时,必须充分考虑中国投资者保护法律的自身特点及其演变过程。同时,在度量方法上也要借鉴大多数学者普遍的指标选取和赋值方法。本章将在对我国投资者法律保护制度及其执行效率充分探讨的基础上,借鉴其他学者的度量方法,提出自己的投资者法律保护指标体系并对我国投资者法律保护程度进行度量。

第一节　中国股票市场投资者法律保护制度的历史沿革

一、中国投资者法律保护制度的构成与演变

实践的发展和理论研究都证明,资本市场的健康发展离不开一套完善的投资者保护法律体系和该体系高效的执行效率。改革开放后,我国股票市场从无到有、从小到大、从弱到强的发展历程也是如此,我国投资者保护的法律制度、监管措施及其执行效率也经历了逐步发展和不断进步的过程。纵观我国投资者保护法律及监管体系的发展,大体上可分为以下几个阶段。

第一阶段,股票市场初建,地方性中小投资者保护措施的实验阶段(1992年10月以前)。该时期,上海和深圳地方政府及相关部委为了规范实验性的股票市场,制定和颁布了一些地方性、实验性的法规文本和市场规则,但缺乏全局性、整体性和系统性,更谈不上证券法律的属性,如1984年7月中国人民银行上海市分行发布的《关于发行股票的暂行管理办法》①、1986年10月深圳市政府制定的《深圳经济特区国营企业股份化试点的暂行规定》以及1987年11月发布的《证券柜台交易暂行

---

① 1987年修订为《上海市股票管理暂行办法》。

规定》等。由于该时期股票市场的实验性及影响力有限、不具备全国性资源配置的功能及证券法规措施的区域性,相关学者在考察我国股票市场发展时,对投资者法律保护指标数据的选取均排除了该阶段。①

第二阶段,全国性证券监管机构成立及全局性证券监管法规开始出现(1992年10月至1994年7月)。1992年10月,全国统一的证券监管机构国务院证券管理委员会和中国证券监督管理委员会成立,一批具有全局性的证券法规先后颁布执行,投资者权益保护的立法意识初步显现,如1993年4月颁布的规范股票发行、交易及上市公司收购等行为的《股票发行与交易管理暂行条例》,该年6月颁布的规范上市公司信息披露内容及标准的《公开发行股票公司信息披露实施细则》,1993年和1996年分别颁布实施的约束禁止性交易行为的《禁止证券欺诈行为暂行办法》和《关于严禁操纵资本市场行为的通知》等。上述规定或措施带有强烈的行政特色,也谈不上投资者法律保护的系统性,实际操作的效果并不明显。

第三阶段,投资者保护的基本法律法规体系的构建阶段(1994年8月至2006年)。该时期投资者保护的重要法律《中华人民共和国公司法》和《中华人民共和国证券法》分别于1994年和1999年颁布实施。这两部法律将上市公司股东的基本权利和证券交易的基本规范以基本法律的形式确定下来,对确保投资者的基本权益具有重要意义。该时期我国投资者保护基本形成了由基本法律、行政法规、部门规章和自律规则构成的法律法规体系。除《公司法》和《证券法》外,基本法律还有《会计法》和《证券投资基金法》等;行政法规主要包括《股票

---

① 如王鹏(2008)、肖松(2010)和沈艺峰、许年行、杨熠(2004)。

发行与交易管理暂行条例》等;部门规章主要有《公开发行股票公司信息披露实施细则》、《公开发行股票公司信息披露的内容和格式准则》、《上市公司治理准则》等;自律性规则主要是指交易所制定的相关交易制度及规则。

第四阶段,投资者保护的法律法规进一步完善阶段(2006年至今)。该时期以2006年修订完成并正式实施的《公司法》和《证券法》为标志。同时,对其他涉及投资者保护的法律法规也进行了梳理和修订。修订后的《公司法》从法律层面提出了完善公司治理结构的制度保障,强调了股东合法权益,强化了实际控制人、董事、高管及监事的法律义务和责任等。修订后的《证券法》较大幅度地增加了投资者保护的法律适用范围,对提高投资者保护的水平具有重要意义。例如,完善了上市公司监管及发行和交易制度;增加了上市公司实际控制人或控股股东、董事、高管及监事的诚信义务和法律责任;建立了证券投资者保护基金制度,明确了对投资者损害赔偿的民事责任制度,完善了证券监管制度,增加了执法手段,扩大了监管权力,明确了相应责任;强化了证券违法行为的法律责任,明确相关的赔偿责任,追究实际控制人或控股股东的民事责任和行政责任等。另外,《中华人民共和国刑法修正案(六)》对上市公司相关人因不依法履行信息披露义务而严重损害投资者或其他利益人权益的行为规定了明确的刑罚标准;《中华人民共和国企业破产法》规范了在企业破产时对投资者利益的保护措施。与两部基本法律相衔接,证监会对其他涉及投资者保护的行政法规也进行了梳理和修订,主要有《上市公司治理规则》、《上市公司股东大会规则》、《上市公司章程指引》等。这时期的证券市场法制建设是在已有框架体系上的改善,对增强投资者保护水平、促进资本市场发展具有重要意义。

二、中国投资者保护法律与监管的执行

根据卡塔琳娜·皮斯托和许成钢(2002)的研究,度量证券投资者保护法律的执行效率时,较好的角度是从私人诉讼和公共执法两个方面进行考察。私人诉讼指的是当投资者在公众公司的利益遭受侵害时,由投资者向法院提起的民事诉讼;而公共执法是政府证券监管者所采取的监管执法活动。这种从执法主体的角度观察执行效率的方法有一定合理性,因为他们有动机在自己的利益受到损害或自身职责范围内出现违规活动时采取行动,至于实际效果还有待于对合适指标的选取和观察。因而,笔者在考察我国投资者保护法律的执行效率时,拟从这两方面进行度量。

私人诉讼。2001年,由于银广夏的欺诈丑闻①,我国投资者权益的私人诉讼机制才提上议事日程。当时,该事件中利益受到侵害的投资者向法院提起了诉讼,但最高人民法院以通知的形式②暂停了所有投资者的诉讼。2002年1月,由于受到各方的质疑,最高人民法院允许投资者可以就信息虚假陈述提起民事诉讼,但排除了因内幕交易和市场操纵而引起的诉讼,并且明确只有在证监会对欺诈做出调查并确认后地方法院才能受理,同时,排除了受理集体诉讼。2003年,最高人民法院颁布了《关于审理证券市场因虚假陈述引发的民事赔偿案件的若

---

① 2001年,银广夏准备在香港主板上市,但《财经》披露其虚构出口数据、捏造附属公司财务记录。深交所和证监会随后暂停了其股票交易,开始调查。

② 指最高人民法院2001年9月21日第406号《最高人民法院关于涉证券民事赔偿案件暂不受理的通知》。

干规定》,放松了共同诉讼的要求,法院受理案件的权力明显加强。2008年,最高人民法院发布《关于查询、冻结、扣划证券和证券交易结算资金有关问题的通知》的司法解释,在审理和执行证券违法案件、保护投资者权益时的力度加强。

公共执法。在1998年以前,证券监管执法权分散在中国人民银行、中国证监会、国务院证券委员会和证券交易所。1998年以后,涉及投资者保护的证券监管即公共执法的机构是中国证券监督管理委员会,方式是罚金或其他处罚形式。1999年颁布的《证券法》给予证监会监管证券市场的主导权,证监会利用该授权颁布了许多规章制度,对股票市场主体实施了多方面的监管。2000年,证监会开始设立地方派出机构并加强了监管职能。2006年新修订的《证券法》完善了证券监管制度,增加了执法手段,扩大了监管权力。2008年证监会被给予更强的查询、冻结、扣划证券和证券交易结算资金的权力。总体来看,证监会的执法力度和效率在不断提高和改善。

第二节 中国投资者法律保护程度的度量

一、西方学者衡量投资者法律保护时的指标选取和度量方法

鉴于LLSV(1998)和Pistor(2000)对投资者法律保护指标构建的方法与思路在该类研究中最具代表性,下面对其进行分别说明。

LLSV(1998)首次提出了投资者法律保护程度的量化指标,用于考察不同法系国家证券投资者的法律保护水平。法律对投资者保护指标有三组:法律对股东保护程度,即反董事权利,共包括一股一票、邮寄投票、股东大会期间是否需寄存股票、累计投票、集团诉讼、召开临时股东大会的最低持股比例、强制分派红利等七个指标[①];法律对债权人的保护程度,共包括是否要求财产保全、债权人是否具有第一优先地位、未经债权人同意经理人是否可单方面组织重组、重组期间原管理者是否留任等四个指标;法律的执行能力,包括司法系统的效率、会计标准、腐败、被政府征用的风险、政府的信誉等五个指标。

在上述指标的构建中,LLSV只选取法律及其执行效率对投资者保护的影响,没有考虑证券监管的制度及措施对投资者保护的影响。但是,后来许多经济学家,尤其是卡塔琳娜·皮斯托和许成钢(2002,2005)在研究转轨经济和新兴经济国家和地区同类问题时指出,由于法律的不完备性和上述国家短期内移植法律的效果较差,在资本市场发展中证券监管制度和监管效率往往更重要。LLSV(2006)在考察49个国家投资者保护时也对各国证券监管水平进行了测度,具体测度时采用了对所考察国家律师调查问卷的方式进行。使用的指标包括披露要求、发行人及相关机构的责任标准、监管者的特征、监管者颁

---

① 这七项指标的赋值原则是:(1)一股一票,一国法律强制要求每股一个投票权的该指标为1,否则为0;(2)邮寄投票权,法律许可邮寄投票则得1分,否则为0;(3)股东大会期间不要求寄存股票的得1分,否则得0分;(4)有累计投票权的记1,否则得0分;(5)在发生侵害中小股东权利时,法律允许其提起集团诉讼的得1分,否则得0分;(6)法律规定只要持有10%以下股份的股东提议就可以召开临时股东大会的得1分,否则得0分;(7)具有强制分红规定的得1分,否则得0分;(8)反董事权力,前7项得分的总和。

布规则的权利、监管者调查及取证的权利、监管者处罚发行人及相关机构的权利、监管者对发行人及相关机构的刑事责任认定权利、监管者的综合执行能力(第三项至第七项的均值)。

以 LLSV 的研究思路为出发点,Pistor(2000)在对投资者法律保护程度进行度量时,对 LLSV 的测评指标进行了扩展,增加了以下五个指标:(1)VOICE。指上市公司股东以其在公司中掌握的股权为依据所享有的选择经营者的权利以及股东诉讼权等。(2)EXIT。指一国法律体系中那些有利于原有股东退出的制度或规则。(3)ANTIMANAGE。指一国法律体系在解决所有者与经营者利益矛盾时对双方保护的偏重比例。(4)ANTIBLOCK。指一国法律体系在解决上市公司控股股东与中小股东利益冲突时对双方保护的偏重比例。(5)SMINTEGR。指股票市场一体化指标,用于衡量市场的流动性程度。该指标高,则股东退出公司的成本低,则相当于股东权利保护程度的加强,类似于或等同于投资者法律保护水平提高。

二、我国学者衡量投资者法律保护时的指标选取和度量方法

基于投资者法律保护因素对股票市场发展具有重要影响的共识,我国学者在对我国股票市场发展进行研究时也对我国投资者法律保护程度的衡量问题作出了有益的探索。就衡量我国投资者法律保护的整体水平而言,具有代表性的文献有:沈艺峰、许年行、杨熠(2004)在对投资者法律保护指标进行选取时,立法指标与 LLSV 相同,但又增加了"其他制度与政策",包括外部独立董事、信息披露等 9 项,虽然没有明确划分,实际上是增加了对证券监管方面的政策法规的份量。缺陷是完全

没有考虑法律和监管的效率。王鹏(2008)在法律条款和证券监管方面指标的选择基本相同,选取的证券监管指标为6个。在执法效率方面,用国内各地法律环境和加权信用水平的自然对数来衡量。法律综合指标采用以上两项分值的乘积除以100来计算。肖松(2010)在立法指标的选择上有较大区别,共选择法律对内部人的相关规定,对中小投资者参与权、知情权及诉讼权的规定四项。这四项指标下又分11项二级指标。这11项二级指标实际涵义与上述两篇文献区别不大。在执法效率方面,分法院执法效率和证监会执法效率两方面。类似于私人诉讼和公共执法的划分。综合分值也采取两项分值的乘积除以100来计算。魏明海、刘建华、刘峰等(2010)选择立法(12项)、监管制度与措施(4项)、执法(3项)三方面指标。前两项虽然指标名称不同,但实质内容的区别不大。在执法指标衡量上有区别,是以检察院、法院的结案数和违规上市公司数量综合衡量的。

三、我国股票市场投资者法律保护程度的度量

根据代理理论和契约理论的内容,当外部中小投资者对上市公司投资或持有公司股份时,由于合约的不完备性,公司的控股股东和管理者可能利用其控制公司的有利地位侵占中小股东的利益,这会影响他们投资的积极性和投资意愿,资本市场的规模就会萎缩,资本市场的融资及资源优化配置功能也得不到充分发挥,阻碍资本市场的发展。因而,政府或相关方就应该赋予中小投资者一定的权利和保障,这些权利包括选举权、表决权、收益权及知情权等,也就是说中小投资者的保护需要外部约束或外部治理。这些权利和保障往往通过一个国家

的证券法、公司法、证券监管等法律法规的保护性条款以及实施进行保护。针对我国上市公司股权较为集中的预判,对我国中小投资者法律保护指标的构建和度量不单要考虑所有者和经营者之间的制度安排,还要重点考虑控股股东与中小投资者之间利益冲突的制度保障措施。

(一)我国投资者法律保护指标的选择

参照LLSV及其他西方学者和我国相关学者的投资者法律保护指标方法,在投资者保护一级指标下设三个二级指标,分别是投资者保护的证券立法、证券市场监管制度规定和法律及证券监管条款措施的执行。

(1)投资者法律保护的证券立法。通常包括公司法、证券法、公司破产法等,结合我国相关法律制度的情况,选择12项三级指标作为衡量投资者保护水平的立法保护因素,分别是:累计投票权、征集投票权、通信表决权、分类表决权、回避表决权、重大事项表决权、临时股东大会表决权、强制性少数股东权利、股东对新发行股票的优先权、无阻碍出售权、现金分红权和诉讼权。

(2)证券市场监管的制度规定。许多学者在考察投资者保护时都十分重视证券监管方面的措施和执行效率,国际证监会组织(IOSCO)在说明证券市场监管的作用时,将其定位于保护投资者、确保证券市场公平、效率和信息透明,减少系统风险三个方面。在指标选择时,主要依据中国证监会和沪深两地证券交易所历来颁布的相关监管制度、措施和办法,结合我国股票市场上市公司控股股东经常采用的侵占中小股东利益的方式、渠道,选择强化信息披露、规范关联交易、打击内幕交易及对中介机构虚假、纵容行为的惩罚措施四个三级指标。其一,强化信息披露。上市公司经营状况、资产重组或股权变动、管理者变更等重大信息真实、充分、公开地披露,是投资者了解公司状况和进行投资选择的重要依据,也是抑制大股东掠夺的重要外部约束,是体现投资者保护水平的重要方面,因而各国监管者都对上市公司强制信息披露做出了相应的制度或措施的规范,不同国家差异很大。其二,规范关联交易。按照科斯的企业理论,关联交易在一定约束条件下可以降低交易成本,提高企业绩效。但上市公司众多股东的利益诉求并不一致,控股股东在所控制公司之外还有其他利益载体,因而在我国和其他新兴经济体关联交易成为控股股东侵占中小股东利益的重要方式。相关监管者需要依据约定的规章措施防范和约束此类关联交易,保护中小投资者利益。其三,打击内幕交易。上市公司内部人(控股股东和经营者)与其他利益相关者的内幕交易将极大地损害公司利益。其四,对中介机构虚假、纵容行为的惩罚措施。成熟市场中投资者保护需要的运作规范的中介机构包括会计师事务所、律师事务所、投资银行、相关媒体、信用评级机构等,它们如果市场化、规范化程度高,则可以较好防止内部人的侵害行为,使投资者获得上司公司的真实信息。如果对其违规行为不能很好地惩罚和制止,则可能使其与公司控制人合谋侵害其他投资者利益。

(3)法律及证券监管条款措施的执行。卡塔琳娜·皮斯托和许成钢(2005)认为许多发展中国家的证券法律和监管制度都是从发达国家移植而来,对投资者保护的水平的观察应更多地依据其实施的效果,而非单单依靠书面的条文。但是对法律及监管执行效率的评价难以取得准确的数据,相关组织及学者的方法也不尽相同。LLSV(1998)选取法制状况、司法体系的有效性、腐败的普遍性、履约执行程度以及被政府剥夺的风险5个指标进行衡量。卡塔琳娜·皮斯托和许成钢使用一些国际组织和国际评级机构依据受访者主观感受进行的抽样调查数据。本书使用肖松(2010)采用的指标:法院执法效率和证监会执法效率。法院执法又分法院执法次数和法院执法权两项,证监会执法也分执法次数和执法权两项。

(二)我国投资者法律保护指标度量的赋值方法

对我国投资者法律保护指标度量的赋值方法参照上述西方学者和国内相关学者的度量方法。

1. 证券立法的赋值方法

属于全国性法律,即由全国人大常委会通过并首次颁布执行的累计投票权、征集投票权、通信表决权、分类表决权、回避表决权、重大事项表决权、临时股东大会表决权、强制性少数股东权利、股东对新发行股票的优先权、无阻碍出售权、现金分红权和诉讼权,赋值2分;由国务院或其他行政部门做出的法规或部门规章,赋值1分;涉及股东的上述权力的某个条款已经由法律法规做出规定,其后出台的新的法律和规定又做出相同的规范或更强、更具体的规定,属于法律的,赋值1分,属于行政法规或部门规章的,赋值0.5分。与上述法规或条款做出相反规定的,则减去相应分值。

2. 证券监管制度规定的赋值方法

中国证券监督管理委员会、上海与深圳证券交易所首次颁布的强化信息披露、规范关联交易、打击内幕交易及中介机构虚假、纵容行为的惩罚等措施与规定的,赋值1分;涉及上述规范的某个条款已经由法律法规做出规定,其后出台新的法律和规定又做出相同的规范或规定,赋值0分;其后出台新的法律和规定又做出更强、更具体的规定,赋值0.5分;与上述法规或条款做出相反规定的,则减去相应分值。

3. 法律及证券监管执行的赋值方法

如上文所述,对法律及监管执行效率的评价难以取得准确的数据,相关组织及学者的方法也不尽相同。具有代表性的是LLSV(1998)选择的法律的执行能力指标,包括司法系统的效率、会计标准、腐败、被政府征用的风险、政府的信誉等五个指标,但研究我国投资者法律保护水平时,他们设计的指标的实际数据难以取得。就国内学者的相关研究来看,沈艺峰、许年行、杨熠(2004)没有考虑法律和监管的效率;王鹏(2008)用国内各地法律环境和加权信用水平的自然对数来衡量,其原因是他衡量的投资者保护水平是分地区划分的;魏明海、刘建华、刘峰等(2010)是以检察院、法院的结案数和违规上市公司数量综合衡量的;肖松(2010)在执法效率方面,分法院执法效率和证监会执法效率两方面,并且考虑了法院与证监会执法的强度,类似于卡塔琳娜·皮斯托和许成钢对私人诉讼和公共执法在理论上的划分。鉴于本书衡量的投资者法律保护程度是用于整个股票市场发展的说明,首先排除按地区划分的方法,而以检察院、法院的结案数和违规上市公司数量衡量的方法则没有考虑对执法效率有重要影响的执行强度。所以,本书在法律及证券监管执行的指标选择及赋值方法方面主要参考肖松(2010)的方法,并对有关法律法规的执行力度进行了时间上的界定,搜集了执法状况的有关数据。具体方法如下:

如前文所述,执行效率指标由法院执法效率和证监会执法效率构成,执法效率从执法次数和执法权两方面衡量。与上述思路对应,二级指标的设计是:法院执法分法院执法次数和法院执法权两项;证监会执法也分执法次数和执法权两项。相应地,执法赋值包括法院执法赋值和证监会执法赋值两方面。法院执法赋值由法院执法次数赋值和法院执法权赋值相加而成。法院执法次数赋值：2002年1月，受银广厦事件的推动，最高人民法院允许投资者可以就信息虚假陈述提起民事诉讼，但排除了因内幕交易和市场操纵而引起的诉讼，并且明确只有证监会对欺诈做出调查并确认后地方法院才能受理，同时，排除了受理集体诉讼，中国各地法院开始实际受理因虚假陈述引致的中小股东诉讼案，赋值为1分，以往为0分；2003年，最高人民法院颁布了《关于审理证券市场因虚假陈述引发的民事赔偿案件的若干规定》，放松了共同诉讼的要求，法院受理案件的权力明显加强，但受理案件的次数无明显变化，以后年份的赋值仍然为1分。法院执法权赋值如下：2002年，根据最高法院的规定，地方法院开始有权受理因虚假陈述引致的中小股东诉讼案，但诉讼权受到限制，赋值为1分，以往为0分；2003年，地方法院被授予审理共同诉讼的权利，执法权利有所加强，赋值增加1分，为2分；2008年，根据最高人民法院发布的《关于查询、冻结、扣划证券和证券交易结算资金有关问题的通知》的司法解释，各地地方法院在审理和执行证券违法案件、保护投资者权益时的力度加强，赋值增加1分，为3分；2009年至2010年法院执法权无明显变化，为3分。

  证监会执法赋值由证监会执法次数和证监会执法权赋值相加而成。考虑到执法次数与发生概率的关系，证监会执法次数指标的计分方法是：对已经发生违法及违规事件，不考虑违法违规的类别，只要是由证监会有关部门、沪深交易所按相关法规进行了处理，就按一次执法计算，每一个年度数据的综合占当年上市公司数的比例即为该指标得分（若比值小于3%时，赋值为1分；大于等于3%时，赋值为2分）。根据证监会、沪深交易所公报以及国泰安上市公司违规事件数据库的资料，计算的结果如下:1992年,没有发生证监会执法事件,赋值为0分;1993年至2000年,上市公司违法违规并被查处事件的公司次数小于3%,赋值为1分;2001年至2007年,执法次数大于等于3%,赋值增加1分,为2分;2008年执法次数小于3%,赋值减少1分,为1分;2009年度执法次数大于3%,为2分;2010年度执法次数小于3%,为1分。证监会执法权赋值如下:1992年10月,全国统一的证券监管机构国务院证券管理委员会和中国证券监督管理委员会成立并按照相关权限行使监管职能,赋值为1分;1996年,沪深交易所获得了证监会的授权开始执行部分原属于证监会的执法权,赋值增加1分,为2分;1999年,具有投资者法律保护标志意义的《证券法》出台,在有关条文中细化了证监会和证券交易所的监管职能、权利及手段,赋值增加2分,为4分;2000年,证监会成立大区稽查局,并明确派出机构监管职权,赋值增加2分,为6分;2006年,新修订的《证券法》加强了交易所、证监会的监管职权,证监会发文加强了冻结、查封当事人的执法权,赋值增加4分,为10分;2008年,根据最高人民法院发布的《关于查询、冻结、扣划证券和证券交易结算资金有关问题的通知》的司法解释,证监会在查处违法违规上市公司及其当事人时执法权力增强,赋值增加1分,为11分;[①]2009年,证监会修改了发行审核委员会的管理办法与证券发行上市保荐办法,加强了对股票上市的监管,赋值增加1分,为12分。

4. 投资者法律保护水平总分的计算

投资者法律保护综合得分=(证券立法得分+证券监管制

[①] 肖松:《中小投资者保护与上市公司价值》[J]。《经济科学》,2010年第2期。

度规定得分)×法律及证券监管的执行得分/100。

在上述计算综合得分的公式设计中,之所以采用"法律及证券监管的执行得分"与"证券立法得分+证券监管制度规定得分"的乘积,是由于证券立法、证券监管制度规定在投资者法律保护方面作用发挥的效果很大程度上取决于相关机构对这些法律法规的执行效率。

(三)我国股票市场投资者法律保护程度的度量结果

考虑到法律法规发挥作用的持续性和累积性,在对年度各分项指标和综合指标计算分值时采用随时间累计计分的方法。笔者广泛查阅了1992~2010年间全国人民代表大会、国务院相关部门、最高法院、证监会等出台的相关法律法规、部门规章、司法解释,根据上文对我国投资者法律保护的指标设计和赋值方法,对我国投资者法律保护进行了从证券立法、证券监管制度规定和法律及证券监管的执行三方面进行了分项及综合计量。计算结果见表2—1:

表2—1 中国投资者立法保护水平(1992~2010年)

年份	累积投票权	征集投票权	通信表决权	分类表决权	回避表决权	重大事项表决权	临时股东大会召集权	强制性少数股东权利	无阻碍出售权	新股优先购买权	现金分红权	诉讼权	逐年累计得分
1992	0	0	0	0	0	1	1	0	0	0	0	0	2
1993	0	0	0	0	0	1	1	0	0	0	0	0	2
1994	0	0	0	0	0	2	2	0	0	0	0	2	6
1995	0	0	0	0	0	2	2	0	0	0	0	2	6
1996	0	0	0	0	0	2	2	0	0	0	0	2	6
1997	0	0	0	0	1	2.5	2	0	0	0	0	2.5	8

续前表

1998	0	0	0	0	1.5	2.5	2	0	0	0	0	2.5	8.5
1999	0	0	0	0	1.5	2.5	2	0	0	0	0	2.5	8.5
2000	0	0	−1	0	2	2.5	2.5	0	0	0	0	3	9
2001	0	0	−1	0	2	2.5	2.5	0	0	0	0	3	9
2002	1	1	0	1	2	2.5	2.5	0	0	0	0	4	14
2003	1	1	0	2	2.5	2.5	2.5	0	0	0	0	4.5	15
2004	1.5	1.5	0.5	1.5	2.5	3	2.5	0	0	0	1	4.5	18.5
2005	1.5	1.5	0.5	2	3	3	2.5	0	0	0	1	4.5	19.5
2006	3	2	1	2	5.5	3	4.5	2	0	2	1	6	32
2007	3	2	1	2	5.5	3	4.5	2	0	2	1	6	32
2008	3	2	1	2	5.5	3	4.5	2	0	2	1.5	6	32.5
2009	3	2	1	2	5.5	3	4.5	2	0	2	1.5	7	33.5
2010	3	2	1	2	5.5	3	4.5	2	0	2	1.5	7	33.5

从表2—1可以看出,我国投资者法律保护在证券立法方面的综合得分基本上是逐年上升的,说明随着我国股票市场的发展,证券法律的制度建设在逐步完善。从分值的变化来看,有两个关键的时间节点:一个是2002年,相关部门出台了一系列强化股东权利的法律法规,所以得分在2002年之后明显提高;一个是2006年,该年最重要的变化是修订完成并正式实施的《公司法》和《证券法》,前者从法律层面提出了完善公司治理结构的制度保障,强调了股东合法权益,强化了实际控制人、董事、高管及监事的法律义务和责任等,后者较大幅度地增加了投资者保护的法律适用范围,对提高投资者保护的水平具有重要意义,投资者立法保护方面的得分在2006年也有大幅度的提高。另一个值得注意的现象是在考察期股东无阻碍出售权没有在法律层面得到体现。

表 2—2 中国证券监管制度规定保护水平(1992～2010 年)

年份	强化信息披露	抑制关联交易	打击内幕交易	对中介机构虚假、纵容行为的惩罚	逐年累计得分
1992	0	0	0	0	0
1993	1.5	0	1.5	2.5	5.5
1994	3	0	1.5	3.5	8
1995	3.5	0	1.5	3.5	8.5
1996	5	0	1.5	3.5	10
1997	8	0	3	5	16
1998	9	0	3	5	17
1999	11	0	4	6	21
2000	11.5	0	4	6	21.5
2001	13.5	1	4.5	6	25
2002	15.5	2	4.5	6	28
2003	19.5	3	4.5	6.5	33.5
2004	19.5	3	4.5	6.5	33.5
2005	22	3.5	5	7.5	38
2006	25.5	5	6	10.5	47
2007	26	5	6.5	11	48.5
2008	27	5	6.5	11	49.5
2009	28	5	7.5	12	52.5
2010	29	5	7.5	12	53.5

从表 2—2 可以看出，我国证券监管制度方面的得分也是逐年提高的，尤其是强化信息披露方面的得分增加幅度及连续性明显，这也得益于监管机构连续地出台上市公司信息披露的部门规章和制度。

表 2—3 中国投资者保护法律及监管的执行(1992～2010 年)

年份	法院执法		证监会执法		合计
	执法次数	执法权	执法次数	执法权	
1992	0	0	0	1	1
1993	0	0	1	1	2
1994	0	0	1	1	2

续前表

1995	0	0	1	1	2
1996	0	0	1	2	3
1997	0	0	1	2	3
1998	0	0	1	2	3
1999	0	0	1	4	5
2000	0	0	1	6	7
2001	0	0	2	6	8
2002	1	1	2	6	10
2003	1	2	2	6	11
2004	1	2	2	6	11
2005	1	2	2	6	11
2006	1	2	2	10	15
2007	1	2	2	10	15
2008	1	3	1	11	16
2009	1	3	2	12	18
2010	1	3	1	12	17

表2-3显示的我国投资者保护法律执行效率方面的得分的变化趋势基本上也是逐步增加的。法院执法权及证监会执法权得分的几个时间节点如前文所述,在此不再赘述。证监会执法次数的数据来源于证监会网站及CSMAR中的违规事件处理数据库。

根据表2-1、表2-2和表2-3的计算结果,使用上文笔者提出的我国投资者法律保护综合得分的计算公式:投资者法律保护综合得分=(证券立法得分+证券监管制度规定得分)×法律及证券监管的执行得分/100。因此,其综合计算结果见表2-4:

表 2—4　中国投资者法律保护综合得分(1992~2010 年)

年份	证券立法	证券监管制度规定	法律及证券监管的执行	综合得分
1992	2	0	1	0.02
1993	2	5.5	2	0.15
1994	6	8	2	0.28
1995	6	8.5	2	0.29
1996	6	10	3	0.48
1997	8	16	3	0.72
1998	8.5	17	3	0.765
1999	8.5	21	5	1.475
2000	9	21.5	7	2.135
2001	9	25	8	2.72
2002	14	28	10	4.2
2003	15	33.5	11	5.335
2004	18.5	33.5	11	5.72
2005	19.5	38	11	6.325
2006	32	47	15	11.85
2007	32	48.5	15	12.075
2008	32.5	49.5	16	13.12
2009	33.5	51.5	18	15.3
2010	33.5	52.5	17	14.62

中国投资者法律保护综合得分的计算结果表明,我国投资者法律保护程度基本是逐年提高的,这也证明了本书第一章的第一个研究假设。

第三节　中国投资者法律保护程度与其他国家的比较

本书对我国投资者法律保护程度的测算采用了自己设计

的指标和赋值方法,就绝对数值来说,与其他学者的研究结果不存在直接的可比性。关于我国投资者法律保护程度与其他国家的比较,本书采用 Franklin Allen 等(2005)的研究结论,他们的研究也是采用与 LLSV(1997,1998)类似的方法,并在后者的研究基础上进行的比较。下面主要从股东权利、法律执行效率及法律制度等方面的结论进行比较。

一、股东权利方面的比较

从表 2-5 可以看出,与 LLSV 研究中 49 个样本国家的数据相比,中国上市公司股东权利指标中,一股一票权利来源于法律(即数值为 1),与其他样本国家平均得分无可比性。重要的反董事权利得分低于绝大部分隶属于普通法系的英国法系国家,与大陆法系国家相比,基本上仅处于中等水平。中国的反董事权利得分与 LLSV 全部 49 个样本国家相比,也处于较低水平(有 65%的样本此项得分大于或等于 3)。中国强制分红得分低于平均数。因而,可以认为与 LLSV 样本国家相比,中国上市公司股东权利水平是较低的,并且法律的执行力度要明显低于所有其他国家的平均水平。

表 2-5 股东权利比较

国 家	英国法系（平均）	法国法系（平均）	德国法系（平均）	斯堪的纳维亚法系（平均）	LLSV 样本国家（平均）	中 国
一股一票	0.17	0.29	0.33	0	0.22	1
邮寄投票	0.39	0.05	0	0.25	0.18	0
无阻碍出售权	1	0.57	0.17	1	0.71	0
累计投票	0.28	0.29	0.3	1	0.27	0

续前表

少数股东反对权	0.94	0.29	0.5	0	0.53	1
优先认股权	0.44	0.65	0.33	0.75	0.53	1
召开临时股东大会的最低持股比例	0.09	0.15	0.05	0.1	0.11	0.1
反董事权利	4 (94%)	2.23 (45%)	2.33 (33%)	3 (75%)	3 (65%)	3
强制分红	0	0.11	0	0	0.05	0

注:(1)反董事权利得分是邮寄投票、无阻碍出售权、累计投票、少数股东反对权、优先认股权、召开临时股东大会的最低持股比例等得分的加总。当保护来源于法律,得分为1,否则为0。(2)括号内的数字表示该项得分高于或等于3的样本国家数。

资料来源:Allen F. Law, finance, and Economic Growth in China [J]. Journal of Financial Economics, 2005, (4):57—116.

二、投资者保护法律执行效率方面的比较

从表2—6可以看出,中国只有在法律规则及腐败两项有数据显示,其他四项没有相关的资料,仅从此两项的结论表示的中国的法律执行效率不仅低于全部样本的平均值,而且也低于分项的全部英国法系、法国法系、德国法系和斯堪的纳维亚法系的平均值。这表明中国投资者法律保护的执行效率是很低的,这也与前文所述的我国股票市场上投资者私人诉讼和证券监管部门的公共执法的实践是相符合的。

表 2-6 法律执行效率的比较

国　家	英国法系（平均）	法国法系（平均）	德国法系（平均）	斯堪的纳维亚法系（平均）	LLSV样本国家（平均）	中国
审判制度的效率	8.15	6.56	8.54	10	7.67	N/a
法律规则	6.46	6.05	8.68	10	6.85	5
腐败	7.06	5.84	8.03	10	6.9	2
被征用的风险	7.91	7.46	9.45	9.66	8.05	N/a
毁约的风险	7.41	6.84	9.47	9.44	7.58	N/a
基于会计标准的会计风险	69.62	51.17	62.67	74	60.93	N/a

资料来源：Allen F. Law, finance, and Economic Growth in China [J]. Journal of Financial Economics, 2005, (4):57-116.

三、投资者保护法律制度方面的比较

从表 2-7 可以看出，在中国投资者法律体系有数据显示的五项内容（其中，一股一票无可比性）看，在所选取的 7 个新兴经济体国家中，中国债权人权利、反董事权利与腐败得分较低，只有法律规则的得分处于中等靠上水平。而与此形成明显对比的是，我国经济的发展水平被公认为高于这些样本国家。

表 2-7 法律制度的比较：中国和其他主要新兴经济体

	审判制度的效率	法律规则	腐败	反董事权利	一股一票	债权人权利	会计标准
中　国	N/a	5	2	3	1	2	N/a
印度(E)	8	4.17	4.58	2	0	4	57

续前表

巴基斯坦(E)	5	3.03	2.98	4	1	4	N/a
南非(E)	6	4.42	8.92	4	0	4	70
阿根廷(F)	6	5.35	6.02	4	0	1	45
巴西(F)	5.75	6.32	6.32	3	1	2	54
墨西哥(F)	6	4.77	4.77	0	0	0	60

注：E表示该国投资者法律体系属于英国普通法系，F表示该国投资者法律体系属于法国大陆法系。

资料来源：Allen F. Law, finance, and Economic Growth in China [J]. Journal of Financial Economics, 2005, (4):57—116.

从上面股东权利、法律执行效率及法律制度等方面的比较结果来看，中国股票市场的投资者法律保护无论是法律制度，还是执行效率的水平都还比较低。

本 章 小 结

本章首先回顾了我国股票市场上投资者保护法律制度及监管体系的发展历程，具体分析按四个阶段进行：地方性中小投资者保护措施的实验、全国性证券监管机构成立及全局性证券监管法规初试、投资者保护的基本法律法规体系的构建及投资者保护的法律法规进一步完善。我国投资者法律执行的实践状况按股票市场上的私人诉讼和证券监管机构的公共执法两个方面进行了分析。

在度量我国投资者法律保护程度之前，首先介绍和分析了国内外具有代表性学者的度量方法。在此基础上笔者构建了相应的指标体系和赋值方法。利用此指标体系和赋值方法,笔者结合我国投资者法律保护体系及执行情况对我国投资者法律保护程度按证券立法、证券监管、执行效率及综合得分四方面进行了测算。实际测算结果表明,我国投资者法律保护程度随时间的推移是不断提高的,这也证实了第一章提出的第一个研究假设。

鉴于投资者法律保护指标选取及赋值方法的不同,我国投资者法律保护程度与其他国家的比较采用了 Allen 等(2005)比较研究的结论,从股东权利、法律执行效率及法律制度等方面的比较来看,我国投资者法律保护的水平仍然较低。

第三章　中国上市公司股权结构与投资者法律保护

上市公司股权结构是在股权融资过程中形成的各类股东持有公司股份的比例。股权结构是公司内部权利配置的基础,也是公司治理研究中确定公司内部权利主体之间博弈关系的关键。如上文所述,作为重要外部治理机制的投资者法律保护对股权结构的集中程度有重要影响,投资者法律保护程度高会导致分散的股权,反之,保护程度低则会导致集中的股权。上市公司不同的股权结构意味着影响上市公司价值和股票市场发展的代理问题性质的差异。

考察我国上市公司股权结构的变化以及投资者法律保护对上市公司股权结构的影响,一方面说明影响我国上市公司价值和股票市场发展的代理问题的类别,即在公司内部治理方面,是股权分散下的股东和管理者的传统代理问题占主导地位,还是股权集中下的控股股东与中小股东的利益冲突占主导地位,为研究在股权集中状况下上市公司控股股东与中小股东利益冲突即对控制权私人收益寻求现实基础;另一方面说明投资者法律保护在股权结构变化方面对中国股票市场发展方面的影响。

与世界上绝大多数国家相比,中国上市公司股权结构的形成与发展有独特的制度背景和演变路径。在研究我国股票市场发展和股权结构时,离开具体的制度演变因素将无法探究其内在原因。具体来讲,2005年4月我国开始股权分置改革以前,中国股票市场存在流通股和非流通股股权分置的独特的股权结构,同时国有控股上市公司占主体的股票市场结构特征也破坏了公司内部应有的治理平衡。理论界与实务界对中国股票市场广泛存在的大股东掏空上市公司、攫取控制权私人收益的问题广泛诟病,并将其与这种国有股"一股独大"的独特的股权结构相联系。正是基于以上考虑,我国于2005年开始了股权分置改革,目前已完成这一资本市场根本制度的重大变革,对上市公司股权结构的变化影响巨大。

在研究上市公司股权结构时,股权集中度是普遍采用的度量上市公司股权结构的指标。本章将结合我国股票市场制度演变的特征具体考察我国上市公司股权集中度的变化及其与投资者法律保护之间的关系。

第一节 中国上市公司股权结构的特征及历史演变

与国际上大多数股票市场相比,我国股票市场由于在经济转轨过程中制度安排的特殊性而呈现出独有的特点,具体表现为股权分置,即在股票市场上流通股和非流通股并存的独特的股权结构。由于股权分置在实践中逐步出现了许多阻碍股票市场健康发展的问题,我国于2005年开始进行了股权分置改革,目的在于解决非流通股的流通问题。在考察我国上市公司股权结构时,离不开对这种独具中国特色的股权结构形成与变化的分析。

一、股权分置背景下股权结构的形成与特征

我国企业的股份制改革试点早在股票市场启动前的1984年就开始了,1992年开始进行的现代企业制度改革和1994年《公司法》的颁布实施加快了企业股份制的改革步伐。但是,在股票市场启动以后,对如何处理国有企业和集体企业的共有财产有很多争议,占统治地位并最终付诸实施的观点是,公有制应该在国民经济尤其是重要行业和领域占主导地位。在企业股份制改革中,这种观点就体现为国家必须对企业控股,最好是绝对控股。对于公司股票上市流通问题,主流观点认为,如果允许国有股、集体股上市流通就可能丧失国家或集体的控股地位和对国民经济重要领域的控制,可能改变公有制为主体的经济性质。因而,在我国股票市场发展初期,绝大部分上市公司是由国有企业改制而来,但对上市公司中的国有股和大部分法人股实行暂不上市流通的政策,而仅允许占比例比较小的社会公众股上市流通。这样,我国股票市场中上市公司的股权结构从一开始就体现了独特的流通股和非流通股并存的股权分置的特点,不同性质的股份又可细分为国家股、法人股、社会公众股、职工股、外资股等。这种股权分置的特点由于实行计划额度管理的股票发行制度①而进一步强化,在当时额度管理的发行制度下,各地为充分利用证券管理部门核定并下发的额

---

① 实施时间为1993年至1995年。

度,多安排本地公司上市融资,各地在分配额度时通常实施"多家公司、每家额度有限"的做法,从而导致上市公司不得不设置高比例的非流通股。总体来看,这个时期上市公司股权结构具有如下特征。

(一) 股权结构复杂,流通股与非流通股股权分置

我国上市公司股权的类别主要是按照投资者身份的不同划分的。最早做此类划分的是1991年深圳地方政府颁布的《深圳市股票发行与交易管理暂行办法》,以政府文件的形式首次按投资者的身份将股票分为国家股、法人股、个人股和特种股。1992年,中央政府颁布的《股份制企业试点办法》在国家层面明确了股权设置有四种形式:国家股、法人股、个人股、外资股。这种划分沿用了深圳按投资者身份划分股权性质的思路。1994年11月,国家国有资产管理局、国家体改委在联合发布的《股份有限公司国有股权管理暂行办法》中将国有法人股的投资主体扩展为国有企业、事业及其他单位。除上述划分外,还按照融资的市场或投资人身份将流通股份划分为A股、B股和H股。按照股票在二级市场是否可以流通划分为流通股和非流通股,非流通股的股权性质一般是国有股份,它们的转让只能通过场外的协议转让方式进行,定价的基础是上市公司的净资产,转让价格远低于流通股。流通股一般是社会公众股。两类股份由于流动性不同,定价方式存在很大差别,同股不同价,但两类股票享受同样的表决权和分配权。另外,在我国股票市场发展过程中,股权类别还有根据具体情况的更详细的划分。具体情况见表3—1:

表 3—1 股权分置改革前中国上市公司股权结构(单位:%)

年份	1992	1993	1994	1995	1996	1997	1998	1999	2000	2001	2002	2003	2004	2005
国有股	41.4	49.1	43.3	38.7	35.4	31.5	34.2	36.2	38.9	46.2	47.2	47.4	46.8	44.8
发起法人股	13.1	9.0	10.8	15.9	18.4	22.6	20.9	19.1	16.9	12.7	11.3	10.9	10.6	7.2
外资法人股	4.1	1.1	1.1	1.4	1.2	1.3	1.4	1.3	1.2	0.9	0.9	0.9	1.0	3.0
募集法人股	9.4	10.6	10.6	7.3	7.5	6.7	6.0	6.2	5.6	4.7	5.1	4.8	4.8	3.2
内部职工股	1.2	2.4	1.0	0.4	1.2	2.0	2.0	1.2	0.6	0.5	0.3	0.2	0.1	0.1
其他	0.0	0.0	0.2	0.7	1.0	1.2	1.2	1.1	0.9	0.3	0.5	0.5	0.6	3.7
非流通股合计	69.2	72.2	67.0	64.5	64.8	65.4	65.9	65.0	64.3	65.3	65.3	64.7	64.0	61.9
A 股	15.9	15.8	21.0	21.2	21.9	22.8	24.1	26.3	28.4	25.3	25.7	26.7	27.9	29.8
B 股	14.9	6.4	6.1	6.7	6.4	6.0	5.3	4.6	4.0	3.1	2.9	2.7	2.8	2.8
H 股	0.0	5.6	6.0	7.7	6.9	5.7	4.7	4.0	3.3	6.4	6.1	5.9	5.4	5.4
流通股合计	30.8	27.8	33.0	35.5	35.2	34.6	34.1	35.0	35.7	34.7	34.7	35.3	36.0	38.1
合计	100	100	100	100	100	100	100	100	100	100	100	100	100	100

资料来源:中国证监会相关年份《中国证券期货统计年鉴》。

从表 3—1 可以看出,股权分置改革以前我国上市公司的非流通股所占的比例均达到 60% 以上,处于绝对控股地位,且成分复杂,流通股的比例过小。这种特殊的股权结构导致公司治理的畸形,也是我国股市长期存在控股股东侵占中小股东利益现象最重要的制度基础。

(二) 国有股在上市公司股权中占绝对优势比例

我国股票市场建立初期最重要的目的之一是为国有企业改革募集资金,并要确保公有制经济的主体地位。因而,在上市公司的股权结构中,国有股占绝对控股地位就成为必然的结果。即使在上市公司股权结构变动过程中,政府相关部门也一直在政策上尽力维持国有股的控股地位。例如,为防止拥有控股地位的国有股在上市公司配股时因资金问题放弃配股权而威胁其控股地位,国有资产管理部门在1994年明文规定了在国家有控股要求的上市公司在配股时不能影响其控股权,只有国有股东有能力购买配股时才能进行配股活动①。又如,2000年5月19日,财政部颁布《关于股份有限公司国有股权管理工作有关问题的通知》对分属各级政府的国有上市公司的国有股权转让规定了严格的审批程序,这是财政部履行国有资产管理职能后出台的关于国有股权的最为严格的规定,也是目前国有股权协议转让的最直接依据之一。2000年8月,财政部更是以口头形式命令地方暂停国有股权向非国有股东转让的审批工作。

在各种政策的相互作用下,国有股在上市公司中股权的绝对控制地位得以形成。据上海证券交易所研究中心统计,截至股权分置改革前的2005年年底,上市公司中国有股占全部股份的比例高达50.8%。

(三) 上市公司股权集中度高

由于我国股票市场设立的目的和对公有制经济形式的理

---

① 1994年国有资产管理局发布的《关于上市公司送配股时维护国家股权益的紧急通知》。

解等原因,反映在上市公司股权结构上的特征就是股权分置和国有股的绝对控制地位。再加上我国控制权转让市场的不成熟,从上市公司股权集中度角度看,高的股权集中度就成为必然的结果。下文就以股权分置改革开始的 2005 年为例,说明股权制度重大制度变革临界点时我国股权集中度的具体情况。

表 3—2 2005 年(截至 12 月)中国上市公司持股比例

类 别	第一大股东	第二大股东	第三大股东	CR5
均值(%)	40.38	9.83	3.90	57.49
中位数(%)	37.86	7.36	2.55	58.89
标准差	16.20	8.67	4.08	13.40
最小值(%)	4.24	0	0	9.69
最大值(%)	84.98	44.06	27.75	95.90

资料来源:CSMAR 中的股东研究数据库。

注:CR5 为前五大股东持股比例之和。

从表 3—2 表可以看出,在我国上市公司股权制度重大变革的临界期,股权高度集中,第一大股东持股比例的均值达到 40.38%,最大值达 84.98%;前五大股东持股比例之和的均值为 57.49%,最大值达 95.90%。这样高度集中的股权结构就是现实中"一股独大"、控制股东屡屡侵占中小股东利益现象的现实基础。

表 3—2 说明的是我国全部上市公司股权结构在该时期的平均状况,若从股权集中度的公司数目分布情况分析,我国上市公司股权集中的特征则更为明显。根据 CSMAR 中的股东研究数据库的数据,截至 2005 年底我国沪深两市共有 1349 家上市公司,笔者按照上市公司第一大股东持股比例的区间公司数目分布和前五大股东持股比例和的区间公司数目分布两个角度进行观察,计算结果见表 3—3:

表3−3 2005年(截至12月)上市公司第一大股东持股比例分布

持股比例区间(%)	0~10	10~25	25~50	50~75	75~100
公司家数	9	223	682	425	10
所占比例(%)	0.67	16.53	50.56	31.50	0.74

数据来源:CSMAR中的股东研究数据库。

表3−3的数据表明,在股权分置改革前的2005年年底,我国上市公司中第一大股东处于绝对控股地位(持股比例超过50%)的上市公司的比例达到32.24%,公司数目达到435家。第一大股东持股比例在25%~50%的上市公司比例高达50.56%,这些公司通过间接持股达到的持股比例更高的可能性更大。前述两项合计的公司数目比例占我国上市公司总数的82.8%。这说明在该时期我国上市公司的股权结构是高度集中的。

表3−4 2005年(截至12月)上市公司前五大股东持股比例和的分布

持股比例区间(%)	0~10	10~25	25~50	50~75	75~100
公司家数	1	16	363	880	89
所占比例(%)	0.07	1.19	26.91	65.23	6.60

数据来源:CSMAR中的股东研究数据库。

从表3−4的数据可以看出,截至2005年年底,我国上市公司前五大股东持股比例之和在50%以上的比例高达71.83%,公司数目达到969家,这从另一个角度表明该时期我国上市公司股权结构高度集中的特点。

二、股权分置改革及其对我国上市公司股权结构的影响

中国股票市场上的股权分置带有鲜明的转轨经济的特点,在实践中的弊端日益明显,并逐步成为制约中国股票市场发展

的根本制度性问题。首先,高比例的非流通股的存在使上市公司控股股东长期拥有控制权,控股股东通过直接或间接的占用、关联交易等形式侵占中小股东利益、攫取控制权私人收益的现象为人们广泛诟病,严重阻碍股票市场的健康发展。其次,大股东控制严重制约了股市定价功能的发挥。由于以国有股和法人股为主体的非流通股不能流通,导致股票价格不能反映真正的市场供求,控股股东广泛存在的内幕交易、披露虚假信息更加重了股价信息的错误信号。最后,也是由于高比例非流通股的存在及控制权市场的发展滞后,使控制权市场化争夺的上市公司外部治理功能难以发挥。由于以上原因,进行股权分置改革、优化股市资源配置、改善公司治理、促进股票市场健康发展的呼声日益强烈。

但是,当相关各方认识到股权分置改革的必要性和紧迫性时,问题的复杂性显露无疑,数量庞大的非流通股为获得流通权的尝试无疑会导致投资者对股市下行的恐惧。在2005年股权分置改革前,几次解决非流通股流通性问题的尝试失败说明了改革任务的系统性和复杂性。1999年10月,为落实十五届四中全会在《关于国有企业改革和发展若干问题的决定》中提出的"在不影响国家控股的前提下,适当减持国有股"的要求,证监会采取了向流通股股东配售国有股的方式进行国有股减持的试点,但是流通股股东大量放弃配股并出现试点股票股价下跌的后果,试点工作全面失败。2001年6月,开始了以市场定价方式减持国有股的试点,国务院颁布的《减持国有股筹集社会保障资金管理暂行办法》规定:国有股减持主要采取国有股存量发行的方式,凡国家拥有股份的公司向公众投资者首次发行或增发股票的,均应按融资额的10%出售国有股,收入全部上缴全国社会保障基金。但是试点工作导致股市价格暴跌,证监会在 10 月宣布停止试点,国有股减持的尝试再次失败。经过两次试点工作的尝试,社会各界进行了多方面的探讨和争论,逐步在核心问题上达成一定的共识:股权分置改革的实质是非流通股取得流通权以及如何给予流通股股东以合理补偿的问题。原因在于在股权分置条件下非流通股"暂不流通"的约定是一种契约,获得流通权能够给其带来收益,那么能够预期获得收益的非流通股股东就必须为此支付相应的价格,支付的对象是契约变动的相关方即流通股股东。在认识取得一致的基础上,2005 年 9 月《上市公司股权分置改革管理办法》正式实施,股权改革全面展开。

表 3—5　股权分置改革后中国上市公司股权结构(单位:%)

年　份	2006	2007	2008	2009	2010
国有股	53.4	55.4	49.4	25.5	17.9
境内发起人股	5.5	4.1	3.7	2.8	3.0
境外发起人股	1.3	1.9	1.8	1.6	1.7
募集法人股	0.1	0.2	0.1	0.0	0.0
内部职工股	0.0	0.0	0.0	0.0	0.0
其他	2.3	1.2	0.8	1.0	1.4
非流通股合计	62.6	62.8	55.8	30.9	24.0
A 股	21.7	20.9	27.5	53.1	57.5
B 股	1.5	1.0	1.1	1.0	1.1
H 股	14.2	15.0	15.3	14.7	17.2
其他境外流通股	0.0	0.3	0.3	0.3	0.2
流通股合计	37.4	37.2	44.2	69.1	76.0
合计	100	100	100	100	100

资料来源:笔者根据 CSMAR 的中国上市公司股东研究数据库的数据整理。

从表 3—5 可以看出,随着股权分置改革的逐步完成,限售股的逐步解禁,中国上市公司的股权结构发生了质的变化。改革股权分置改革以前我国上市公司的非流通股所占的比例均达到 60% 以上，从 2005 年股权分置改革以后，尤其是 2008 年以后非流通股的比例逐年下降，流通股比例逐年提高。在 2010 年末流通股比例已经占到总股本的 76%，处于主导地位。另一个明显的变化是上市公司的国有股比例大幅度下降，从超过总股本的一半逐步下降，到 2010 年末已经只有总股本的 17.9%，从而改变了大部分上市公司由国家控股的治理结构。这种股权结构质的变化给我国股票市场的运行机制、控制权市场和公司治理带来了积极的变化。

股权分置改革使我国股票市场即将进入全流通时代，为上市公司控制权转让、股权结构变化提供了更好的市场化的制度基础。但是上市公司股权结构变化的方向、程度及影响因素还取决于实际的观察和实证研究。一般的看法是，由于原非流通股股东的股权取得成本较低，根据股权分置改革的程序安排，限售股到期后将股权变现、降低股权集中度的概率较大。但是，控股股东对股权结构的变动仍然和投资者法律保护的水平密切相关，股权分置改革只是给股权结构变动提供了好的外部条件，如果投资者法律保护程度提高，则股权集中度趋于下降；如果中小股东法律保护水平不变，股权集中度下降就缺乏激励。

第二节 中国上市公司的股权集中度

对股权集中度的考察一般有以下两种度量指标：一是赫尔芬达指数（即 Herfindahl 指数），具体指标的计算方法是前几位股东持股比例的平方和，如 HER3、HER5、HER10 分别表示前

3、5、10位股东的持股比例平方和,计算公式为 $H_s = \sum_{i=1}^{s} s_i^2$,$s_i$ 是上市公司第 i 位股东的持股比例,H_s 的数值越大,则股权集中度越高;二是直接度量前几位股东的持股比例,CR1、CR5 和 CR10 分别表示公司第一大股东、前五大股东和前十大股东的持股比例,该类指标的数值越大则说明上市公司股权集中度越高。另外,CSMARS 数据库在数据采集中还使用了 Z 指数和 S 指数描述上市公司股权集中度,Z 指数表示公司第一大股东和第二大股东持股比例的比值,S 指数表示公司第二大股东至第十大股东持股比例之和,这两个指标可以说明非控股股东对控股股东的制衡程度,对刻画控股股东掠夺控制权私人收益时来自内部治理的约束有重要意义。

一、赫尔芬达指数衡量的上市公司股权集中度

与 CR 指标相比,赫尔芬达指数在衡量上市公司股权集中度时具有明显的特点:对股东持股比例取平方再加总的方法,指标数值将呈现强者愈强、弱者愈弱的马太效应,即赫尔芬达指数在衡量效果上拉大了不同股东持股比例的差距,更加突出了股权集中度之间的差异,而不影响比较的结果。

表 3—6 赫尔芬达指数衡量的中国上市公司股权集中度:1999~2010 年

年份	HER1 均值	HER1 标准差	HER3 均值	HER3 标准差	HER5 均值	HER5 标准差	HER10 均值	HER10 标准差
1999	0.2392	0.1682	0.2550	0.1610	0.2561	0.1601	0.2565	0.1598
2000	0.2368	0.1705	0.2533	0.1628	0.2544	0.1619	0.2547	0.1618
2001	0.2310	0.1669	0.2465	0.1583	0.2476	0.1574	0.2479	0.1572
2002	0.2223	0.1646	0.2390	0.1560	0.2402	0.1551	0.2405	0.1548

续前表

年份								
2003	0.2112	0.1537	0.2301	0.1454	0.2314	0.1445	0.2317	0.1442
2004	0.2037	0.1497	0.2241	0.1414	0.2255	0.1404	0.2259	0.1401
2005	0.1900	0.1412	0.2103	0.1339	0.2116	0.1330	0.2120	0.1327
2006	0.1573	0.1287	0.1750	0.1258	0.1763	0.1252	0.1768	0.1249
2007	0.1555	0.1291	0.1724	0.1274	0.1738	0.1269	0.1743	0.1266
2008	0.1564	0.1254	0.1728	0.1236	0.1740	0.1231	0.1746	0.1229
2009	0.1600	0.1341	0.1767	0.1334	0.1781	0.1329	0.1787	0.1326
2010	0.1603	0.1339	0.1783	0.1330	0.1800	0.1324	0.1809	0.1320

资料来源：笔者根据CSMAR的中国上市公司股东研究数据库的数据整理，其中，2003~2010年数据直接根据单个公司赫尔芬达指数相关数据计算，1999~2002年数据根据上市公司十大股东文件计算。

注：样本数为当年我国沪深两市所有上市公司。

从表3-6可以看出，在1999~2010年间，用HER1、HER3、HER5和HER10所衡量的我国上市公司股权集中度基本上呈现逐步下降趋势，只是在2008~2010年有小幅度的回升，其中的原因有可能与股权分置改革后控制权市场的市场化程度提高及上市公司并购交易的活跃有关。

二、CR指标衡量的我国上市公司股权集中度及国际比较

主要股东持股比例和指标直接度量上市公司前几位股东的持股比例，CR1、CR3、CR5和CR10分别表示公司第一大股东、前五大股东和前十大股东的持股比例。该类指标可以直接说明上市公司的股权集中度。

表 3－7 主要股东持股比例和衡量的中国上市公司股权集中度：1999～2010 年(单位:%)

年份	CR1 均值	CR1 标准差	CR3 均值	CR3 标准差	CR5 均值	CR5 标准差	CR10 均值	CR10 标准差
1999	45.503	17.933	56.844	15.066	59.910	14.235	62.865	13.346
2000	45.192	18.054	56.710	15.011	59.665	14.106	62.265	13.723
2001	44.552	18.039	55.807	14.390	58.660	14.381	61.051	12.535
2002	43.610	17.948	55.413	14.401	58.408	13.407	60.873	12.474
2003	42.642	17.133	55.531	14.145	58.680	13.307	61.187	12.631
2004	41.903	16.777	55.560	13.897	58.983	13.123	61.771	12.539
2005	40.462	16.201	54.140	13.960	57.555	13.321	60.538	12.795
2006	36.550	15.414	49.465	14.902	53.058	14.754	56.777	14.653
2007	36.207	15.631	48.871	15.887	52.460	15.983	56.355	16.068
2008	36.368	15.543	48.765	15.899	52.164	16.036	55.809	16.188
2009	36.618	16.089	49.119	17.117	52.723	17.386	56.640	17.552
2010	36.674	16.671	50.024	17.273	54.160	17.588	58.799	17.895

资料来源:笔者根据 CSMAR 的中国上市公司股东研究数据库的数据整理,其中,2003～2010 年数据直接根据单个公司赫尔芬达指数相关数据计算,1999～2002 年数据根据上市公司十大股东文件计算。

注:样本数为当年我国沪深两市所有上市公司。

从表 3－7 可以看出,CR1、CR3、CR5 和 CR10 指标的均值在 1999～2010 年间基本上也呈现逐步下降趋势,只是在个别年份有所反复,但下降的总趋势仍然比较明显。另外,由 CR1、CR3、CR5 和 CR10 指标的绝对数值可以看出,我国上市公司的股权集中度是比较高的,截至 2010 年,CR1 仍然高达 36%;CR3、CR5、CR10 分别达到 50.024%、54.160%和 58.799%。

目前我国上市公司股权集中度较高的结论是在与其他国

家比较后得出的。下面就相关学者对其他国家上市公司股权结构的研究结论进行比较说明：

关于发达国家的情况。1985年，Demsetz和Lehn对美国511家样本公司股权结构的研究表明，CR5的均值为24.81%，CR10的均值为37.66%，即使这样的数据，他们得出的研究结论仍然是美国上市公司的股权结构并非完全分散，或者说他们的所用样本是在有意选择股权结构较集中的公司情况下得出的。Anderson和Reeb(2003)对标准普尔500公司在1992～1999年的股权结构进行了研究，发现家族持股公司占总体样本的比例为35%，而家族持股比例的均值只有不到18%，也就是说在研究的时间段内，美国股权相对集中的家族控股公司的股权集中度也远远低于我国上市公司的股权集中度。根据欧洲公司治理网络1997年发表的《所有权和控制权的分离的报告》，英美两国的上市公司中，单个大股东的投票权（既包括直接持有股份也包括间接持有股份）分别只有9.9%、8.6%(纽约证券交易所上市公司)和5.4%(纳斯达克市场上市公司)。La Porta、Lopez-de-Silanes和Shleifer(1999)对全世界27个发达国家中各国市值规模最大的20家上市公司的股权结构进行了实证研究，他们把单个股东的投票权超过20%作为股权集中的划分标准，结果发现股权分散即单个股东的投票权小于20%比例的样本公司占全体样本的36%，英国全部20家公司都属于分散型，日本有18家公司属于分散型，美国有16家公司属于分散型。对我国2010年全体2129家上市公司的研究表明，即使按照单个股东拥有20%现金流权的标准，也有1813家上市公司的CR1超过20%，即CR1超过20%的公司占全体公司的比例高达85.1574%。2010年我国上市公司CR1的分布区间见表3—8：

表3-8 中国上市公司第一大股东持股比例区间分布(2010年)

样本公司CR1比例区间(%)	0~20	20~40	40~60	60~80	80~100
公司家数	316	968	652	179	14
占全体样本公司的比例(%)	14.8426	45.4674	30.6247	8.4077	0.6576

资料来源:笔者根据CSMAR的中国上市公司股东研究数据库的数据整理。

注:数据截止日期为2010年年底;截至2010年年底,沪深上市公司总数为2129家,即全体样本数为2129。

关于转轨经济国家的情况。Grosfeld和Hashi(2004)对捷克与波兰经济转轨期上市公司的股权集中度进行了实证研究,结果发现:捷克上市公司的CR1的均值在1996~1999年间从38.8%逐步单调增加到51.9%,波兰在1996~2000年上市公司的CR1的均值从33.94%逐步单调增加到48.28%。Earle、Kucsera和Telegdy(2005)实证分析了匈牙利布达佩斯交易所上市公司在1996~2000年的股权集中度,发现CR1均值是39.4%。与这些研究结论相比较,我国上市公司的股权集中度与之相仿,但与之股权集中度单调上升的特点相比有一个重要区别,即我国上市公司股权集中度随着时间的推移基本上是逐步下降的,这是否与我国股票市场投资者法律保护程度逐步提高有关还有待于实证分析。

综上所述,可以得出如下结论:我国上市公司的股权集中度与发达国家相比是比较高的,与转轨经济国家相仿,但呈现出与之不同的随时间推移逐步下降的趋势,有可能是我国股票市场发展过程中投资者法律保护逐步加强的结果。

三、非控股股东对控股股东制衡指标衡量的上市公司股权集中度

Z指数表示公司第一大股东和第二大股东持股比例的比值,S指数表示公司第二大股东至第十大股东持股比例之和。Z指数和S指数可以反映上市公司在公司内部治理的角度形成的对控股股东的制衡程度。对其进行观察可以从股权集中度角度说明控股股东掠夺控制权私人收益的内部制约力量。

表3—9 中国上市公司的股东制衡指标(单位:%)

年份	Z指数	S指数(%)	CR1(%)	CR1与S指数之差(%)
1999	49.5539	17.3621	45.5028	28.1407
2000	65.9774	17.0733	45.1918	28.1185
2001	68.3333	16.4985	44.5521	28.0536
2002	50.4870	17.2627	43.6099	26.3472
2003	42.9187	18.5442	42.6424	24.0982
2004	38.3580	19.8683	41.9029	22.0346
2005	31.2638	20.0760	40.4620	20.386
2006	19.1413	20.2261	36.5496	16.3235
2007	17.7232	20.1486	36.2068	16.0582
2008	24.8009	19.4414	36.3680	16.9266
2009	16.0649	20.0217	36.6181	16.5964
2010	15.7324	22.1346	36.6739	14.5393

资料来源:笔者根据CSMAR的中国上市公司股东研究数据库的数据整理。

Z指数可以用于观察公司第二大股东对第一大股东的制衡程度,CR1与S指数之差指标的设定可以用于观察公司第二大股东至第十大股东对第一大股东的制衡程度。从表3—9可以看出,Z指数、CR1与S指数之差在2006年以后明显下降,

这可能与我国股权分置改革有关。但就绝对数值而言，Z指数在2010年仍然高达15.7324倍，在第一大股东持股比例为36.6739%的情况下，CR1与S指数之差还高达14.5393%，这说明在我国上市公司内部治理中，非控股股东对控股股东的制衡作用十分微弱，这是我国上市公司中控股股东侵害中小股东利益、掠夺控制权私人收益的重要现实基础之一。但是，S指数没有明显的变化规律。

第三节 中国投资者法律保护与上市公司股权集中度的关系

在第一章第二节笔者通过对相关文献的回顾，得出理论界关于投资者法律保护与上市公司股权结构关系的主流观点：发达国家的股票市场发展相对成熟，各种投资者保护的制度和措施相对完善，投资者法律保护的水平相对较高，上市公司股权相对分散；而转轨经济国家和新兴经济体则相反，资本市场发展的历史相对较短，投资者保护的各种制度与措施相对不完善，投资者保护水平较低，上市公司股权集中。在第二章对我国投资者法律保护程度测算和本章对我国上市公司股权集中度计算的基础上，本节将对比说明我国投资者法律保护与上市公司股权集中度的关系。

一、研究方法的说明

对中国投资者法律保护水平与上市公司股权集中度关系

的说明，一般层面的理解，可以建立回归模型并用经济计量方法证明二者的关系。但是深入考虑我国上市公司控制权转移的制度背景和股权结构变化的特点，笔者认为简单的回归分析方法是不适用的，原因是我国上市公司大多为国有控股公司①，控股方的所有者分别是中央和各级地方政府的国有资产管理部门，国有控制权的转移除了市场化的利益考量外，更多的考虑因素是产权改革、地方或中央的控制、财政能力、政绩等非经济因素，因而经济计量方法无法得出二者之间的真实关系。笔者查阅我国学者的相关文献中，许年行、吴世农（2006）关于此类问题的研究认为我国上市公司股权集中度的下降不能用中小投资者法律保护程度的加强解释，而认为是与IPO发行制度的演变、国有股权的转让的管理制度等因素有关，而这些因素很难量化，并且他们考察的时间区间是2002～2003年，笔者认为这么短的时间区间不足以说明二者的互动关系。侯宇、王玉涛（2010）的研究充分注意到了我国上市公司股权转移主流的行政化特点，为了说明我国上市公司股权集中度与投资者法律保护之间内在的经济联系，他们选择了1999年至2005年159个国有向非国有上市公司控制权转移事件为研究样本，其理由是非国有控股公司在安排公司股权结构时更多的是出于控制权收益及掠夺该利益时的法律成本，笔者认为他们的视角比较独特并且符合逻辑真实，但其实证研究的结论却是我国投资者法律保护与股权结构同方向变动。笔者认为他们的研究结论之所以与主流观点相悖，其原因可能有两点：一是

---

① 据上海证券交易所发布的《中国公司治理报告（2009）》（第76页），截至2009年上海证券交易所国有相对控股和绝对控股的上市公司数目分别占上市公司总数的2/3和1/2。

仅考虑了股权接收方的股权安排的动因,而没有反应股权出让方出让股权的非经济动因,而事实上这种影响可能很大;二是样本容量太小,不足以说明整个市场的趋势。因而本文在比较我国投资者法律保护与上市公司股权结构的关系时,以二者的变化趋势进行简单的对比。

二、中国投资者法律保护程度与上市公司股权集中度关系的对比

由于本书对我国上市公司股权集中度的说明分别采用了赫尔芬达指数与 CR 指标,因而关于中国投资者法律保护水平与上市公司股权集中度关系的说明也从两个角度进行。

表 3—10　中国投资者法律保护与上市公司股权集中度
（赫尔芬达指数的角度）

年份	投资者法律保护指标				股权集中度指标			
	立法	证券监管	法律及监管的执行	综合得分	HER1（均值）	HER3（均值）	HER5（均值）	HER10（均值）
1999	8.5	21	5	1.475	0.2392	0.2550	0.2561	0.2565
2000	9	21.5	7	2.135	0.2368	0.2533	0.2544	0.2547
2001	9	25	8	2.72	0.2310	0.2465	0.2476	0.2479
2002	14	28	10	4.2	0.2223	0.2390	0.2402	0.2405
2003	15	33.5	11	5.335	0.2112	0.2301	0.2314	0.2317
2004	18.5	33.5	11	5.72	0.2037	0.2241	0.2255	0.2259
2005	19.5	38	11	6.325	0.1900	0.2103	0.2116	0.2120
2006	32	47	15	11.85	0.1573	0.1750	0.1763	0.1768
2007	32	48.5	15	12.075	0.1555	0.1724	0.1738	0.1743
2008	32.5	49.5	16	13.12	0.1564	0.1728	0.1740	0.1746
2009	33.5	51.5	18	15.3	0.1600	0.1767	0.1781	0.1787
2010	33.5	52.5	17	14.62	0.1603	0.1783	0.1800	0.1809

从表 3-10 可以看出,我国投资者法律保护综合得分与上市公司股权集中度指标 HER1、HER3、HER5、HER10 的变化趋势完全相反,投资者法律保护综合得分在 1999~2010 年基本上是逐年上升的,只是在 2009~2010 年有小的反复,而 HER1、HER3、HER5、HER10 的数值逐年下降,也是在 2009~2010 年有小的反复。

表 3-11　中国投资者法律保护与上市公司股权集中度
（CR 指标的角度）

年份	投资者法律保护指标				股权集中度指标			
	立法	证券监管	法律及监管的执行	综合得分	CR1（均值）	CR3（均值）	CR5（均值）	CR10（均值）
1999	8.5	21	5	1.475	45.503	56.844	59.910	62.865
2000	9	21.5	7	2.135	45.192	56.710	59.665	62.265
2001	9	25	8	2.72	44.552	55.807	58.660	61.051
2002	14	28	10	4.2	43.610	55.413	58.408	60.873
2003	15	33.5	11	5.335	42.642	55.531	58.680	61.187
2004	18.5	33.5	11	5.72	41.903	55.560	58.983	61.771
2005	19.5	38	11	6.325	40.462	54.140	57.555	60.538
2006	32	47	15	11.85	36.550	49.465	53.058	56.777
2007	32	48.5	15	12.075	36.207	48.871	52.460	56.355
2008	32.5	49.5	16	13.12	36.368	48.765	52.164	55.809
2009	33.5	51.5	18	15.3	36.618	49.119	52.723	56.640
2010	33.5	52.5	17	14.52	36.674	50.024	54.160	58.799

从表 3-11 可以看出,我国投资者法律保护综合得分与上市公司股权集中度指标 CR1、CR3、CR5、CR10 的变化趋势也是完全相反的,投资者法律保护综合得分在 1999~2010 年基本上是逐年上升的,只在 2009~2010 年有小的反复,而 CR1、

CR3、CR5、CR10 的数值逐年下降,也是在 2009～2010 年有小的反复。

表 3-10 与表 3-11 用上市公司股权集中度的两类指标对比了我国投资者法律保护与上市公司股权集中度的关系,结论都表明了我国投资者法律保护程度与上市公司股权集中度呈现反方向的变化关系。

本 章 小 结

分析我国上市公司股权结构离不开对我国股票市场和上市公司发展及其制度演化的考察。本章分两阶段分析了我国上市公司股权结构的变化及特点。第一阶段说明股权分置背景下股权结构的形成与特征,分析表明该阶段的特点是:股权结构复杂、流通股与非流通股股权分置,国有股在上市公司股权中占绝对优势比例,上市公司股权集中度高。第二阶段说明股权分置改革及其对我国上市公司股权结构的影响,分析表明随着股权分置的逐步完成、限售股的逐步解禁,中国上市公司的股权结构中,非流通股的比例逐年下降、流通股比例逐年提高,并且上市公司的国有股比例大幅度下降。

对我国上市公司股权集中度的考察采用了赫尔芬达指数和 CR 指标进行衡量。用两种指标衡量的我国上市公司股权集中度的分析结论相同:我国上市公司股权集中度基本上呈现逐步下降趋势,只是在 2008～2010 年有小幅度的回升。通过与发达国家和转轨经济国家上市公司的股权集中度相比较,我国上市公司股权集中度较高。对我国上市公司 Z 指数、CR1 与

S指数差的变化趋势的分析结果表明,我国上市公司非控股股东对控股股东的制衡作用十分微弱,这是我国上市公司中控股股东侵害中小股东利益、掠夺控制权私人收益的重要现实基础之一。

对中国投资者法律保护水平与上市公司股权集中度的关系的简单对比表明,我国投资者法律保护程度与上市公司股权集中度呈现反方向的变化关系。

本章的研究也证实了第一章笔者提出的第二个研究假设,即我国上市公司的股权集中度较高,但随着我国投资者法律保护程度的提高,我国上市公司的股权集中度呈现下降趋势。

第四章 中国上市公司控制权私人收益与投资者法律保护关系的实证检验

如上文的研究结论,我国股票市场发展中,投资者外部法律保护与证券监管体系还不够完善,与此相对应,上市公司股权结构高度集中。根据已有的研究结论,上市公司股权高度集中时,就会凸显另一类代理问题,即控股股东与中小股东利益不一致,从而导致掌握企业控制权的控股股东或内部管理者追求私人收益动机的存在。控制权私人收益概念的提出正是基于控股股东利益与其他外部投资者之间的利益冲突。因此对投资者法律保护制度和体系处于构建和完善过程之中的转轨经济而言,探寻控制权私人收益问题的影响因素、估计其水平高低并提出相应的应对策略就成为我国公司治理、投资者保护和股票市场发展等领域需要关注的重要问题。

从1980年Grossman和Hart提出控制权概念以后,控制权私人收益就成为公司金融领域的一个重要研究课题。因为控制权私人收益问题影响外部投资者利益及其投资意向和方式选择,自然直接影响上市公司资本结构和公司价值。因此,控制权私人收益问题也成为投资者保护和股票市场发展研究的核心问题。许多学者对控制权私人收益的概念、影响因素、计量及其对公司治理效率的影响等问题进行了许多富有成效的研究。

但是,由于我国经济具有的新兴加转轨的特点,我国股票市场的发展历史、制度类别、法律证券监管制度环境具有很大的特殊性,多数基于西方发达股票市场的控制权私人收益的现有研究方法及结论,不一定能够解释和说明我国上市公司及股票市场投资者保护问题。因而,结合我国上市公司、控制权市场及股票市场的具体特征和数据,探讨控制权私人收益的特征、影响因素以及控制权私人收益与投资者法律保护问题将具有重要的现实和理论意义。

第一节 控制权私人收益的概念及度量方法

一、控制权私人收益的概念

对于控制权私人收益(private benefit of control rights)的概念,相关学者的表述不尽相同,具体含义也有差异。

Jensen 和 Meckling(1976)在论述公司所有权和控制权发生分离时,把管理者控制权私人收益界定为货币收益和非货币收益,并且认为非货币收益(如在职消费)是控制权私人收益的主要表现形式。他们对控制权私人收益的表述着重点在管理者的内部控制,且没有对具体定义进行总结。

1980年,Grossman和Hart提出了控制权私人收益概念的具体表述,是指公司的控制者(公司控股股东或管理者)利用其控制公司的地位获得的独占且不可转移的收益。控股股东或内部管理者攫取控制权收益的具体方式包括关联交易、内幕交易、过度报酬和在职消费等。

Harris和Raviv(1988)以及Aghion和Bolton(1992)认为公司管理者获得的控制权私人收益是因其管理公司而获得的成就感、自身价值的实现等"精神"价值。Denis和McConnel(2003)以及Morck、Wolfenzon和Yeung(2004)在对相关文献进行综述的基础上指出,控股股东掌握公司控制权的主要目的是通过侵害中小股东利益来攫取控制权私人收益。

Zingales(2000)认为控制权私人收益是被内部人独吞的、超过他们股权份额的盈余的数量。Coffee(2001)认为控制权私人收益是公司控制者以高薪水、内部交易、自我交易、稀释性发行股票等方式为自己获得的且不与其他股东分享的利益。Hartzell等人(2004)认为控制权私人收益是管理者在公司并购谈判时获得的、以股东利益为代价的额外收益。Dyck和Zingales(2004)认为控制权私人收益是不在公司所有股东间按持股比例分配、只由控股股东独占的收益。

Johnson、La Porta、Lopez-de-Silanes、Shleifer(2000)把获取控制权私人收益的非法侵占行为形象地称为"隧道挖掘"(tunneling),指控股股东以隐蔽的方式将公众公司的资产和利润转移出去。在具体公司个案中隧道挖掘方式各有不同,但可总结为两大类,一类是控股股东通过自我交易转移公司资产,具体形式看可以是担保、价格转移、过度补偿等;另一类是控股股东通过稀释性股票发行、内幕交易等方式侵害中小股东利益。

综上所述,虽然对控制权私人收益概念的表述还不太一致,但大多学者基本同意其是控股股东或内部管理者对公司其他利益主体的利益侵占。因而,可以给控制权私人收益的概念作以下表述:公司控股股东利用其在公司的控制地位非合法或非合规地从公司获得的、只有自己拥有而不与其他股东按现金流权比例分享的公司收益。

二、控制权私人收益的度量

由于控制权收益是控股股东在不能以合法或合规的方式获取公司资源时,采取隧道挖掘等隐蔽方法获取的独占的私人收益,所以对其进行直接观测和计算十分困难。但可以通过间接的方式进行计算。Dyck 和 Zingales(2004)认为控制权私人收益获取方式的隐秘性正是投资者法律保护要解决的问题,因而对控制权私人收益的研究和计量往往和投资者保护问题相联系。正因为控制权私人收益是控股股东对中小股东合法利益的非法侵占,政府只有不断完善投资者的法律保护,才能降低控制权私人收益的水平,提高公司价值,促进股票市场的发展,而这也正是本书将上市公司股权结构、控制权私人收益纳入文内分析框架的逻辑出发点。

控制权私人收益的度量是相关研究中的一个争议较多且困难的问题。在实际的实证研究中,经常采用的控制权私人收益计量法主要有控制权溢价方法、大小宗股权交易价差法、投票权溢价方法和 ST 公司累计超常收益法。下面分别进行说明。

(一) 控制权溢价方法

Barclay 和 Holderness (1989) 最早建立了相关模型来度量控制权私人收益。其基本思路是用协议收购大宗股份的股价与协议收购完成后公开市场股价之间的差异来度量控制权私人收益。其理由如下：在大宗股权交易中，投资者的预期收益有两部分，一部分是基于公司经营状况的按现金流权分配的预期股利收入，这部分收益体现在公开市场股价中；另一部分是控制性股东独享的控制权私人收益，包括货币性收益和非货币性收益，若大宗股权的投资者和潜在投资者预期他们的投票权或决策权可以获得控制权私人利益，那么大宗股权的转让或交易价格相对市场交易价格就产生了溢价。如上所述，用协议收购大宗股份的股价与公开市场股价之间的差异就可以度量控制权私人收益。

Barclay 和 Holderness 计算控制权溢价的方法的具体表述如下：

$$(p - p'_e)/p'_e \qquad (4-1)$$

或者：

$$\frac{(p - p'_e)N^T}{E'} \qquad (4-2)$$

其中，p 为控制权交易中大宗股权的交易价格，p'_e 为大宗股权交易消息发布后公开市场的交易价格，N^T 为大宗股权股数，而 E' 为投票权股本的市场价值。$E' = p'_e N'_e$，N'_e 为交易后投票权股数。公式 (4-1) 被称作价格溢价，而公式 (4-2) 被称作标准的控制权溢价。这两个指标都可以用来衡量公司控制权的私人收益。

Barclay 和 Holderness 实证分析了 1978~1982 年纽约证

券交易所 5% 以上的 63 宗涉及控制权的大宗股权交易。研究发现 80% 左右的公司控制权交易的价格高于消息公布后的公开市场的价格,溢价均值为 20.4%(中值为 15.7%),而标准的控制权溢价或者说控制权溢价与企业股本的市场总价值之比均值为 4.3%。这说明在大多数上市公司控制权交易中存在控制权私人收益。在他们的研究中还发现控制权和公司规模负相关,和交易的股权比例、公司业绩正相关。

相关学者使用上述计算模型进行了有关实证研究。就一个国家内证券市场的研究而言,Mikkelson、Regassa(1991)、Chang、Mayers(1995)发现美国证券市场中上市公司大宗股权转让价格均存在与公开市场相比的溢价的现象;Nicodano 和 sembenelli(2004)发现意大利证券市场的上市公司的大宗股权转让平均溢价高于美国公司。使用同样的计量模型,Dyck 和 Zingales(2004)对 39 个国家进行了跨国比较研究,发现控制权转让溢价的均值是 14%。

Barclay 和 Holderness 这种度量控制权溢价的方法存在两方面的缺点:一是由于控制权市场的不完全竞争可能导致低估控制权私人收益的水平,比如控制权交易方隐瞒了某些支付、没有衡量与控制权相关的任何消费者剩余、某些大宗股权的转让并没有直接转让有效的投票控制权等;二是侧重控制权私人收益中的货币收益的计算,而忽略了非货币收益的度量。基于以上考虑,Dyck 和 Zingales(2004)对 Barclay 和 Holderness 的模型进行了修正,放宽了完全竞争的市场假定,在不完全竞争的条件下,进行了模型的推导。具体推导过程如下:

假定控制权买卖双方间存在议价能力 λ,$\lambda \in [0,1]$。控制权市场完全竞争时,卖方具有全部议价能力,$\lambda=1$;在另一边界时,控制权的购买方获得全部议价优势,$\lambda=0$。设 B_s 和 B_b 分别表示控制权卖方和买方预期能够获取的控制权私人收益的大小,Y_s 和 Y_b 为上述交易卖方和买方的共享利益。则对于一家上市公司在交易 $\alpha(0<\alpha<1)$ 比例的现金流权时,该控制性股权的交易价格可以表示为:

$$p=\lambda(B_b+\alpha Y_b)+(1-\alpha)(B_s+\alpha+Y_s) \quad (4-3)$$

由于该笔控制权交易在公司总股权中所占比例为 α,则每股价格为:

$$\frac{p}{\alpha}=\frac{\lambda(B_b+\alpha Y_b)}{\alpha}+\lambda Y_b+(1-\lambda)Y_s \quad (4-4)$$

从每股控制性股权的交易价格中减去共享收益,则可得每股控制权私人收益:

$$\frac{\lambda B_b+(1-\gamma)B_s}{\alpha}-(1-\lambda)(Y_b-Y_s) \quad (4-5)$$

该笔交易总的控制权私人收益的估计值可表示为:

$$B=\lambda B_b+(1-\lambda)B_s-\alpha(1-\lambda)(Y_b-Y_s) \quad (4-6)$$

在考虑控制权市场竞争程度后,对于控制权私人收益水平的计量就发生了变化。如果市场竞争程度趋向于完全竞争,则 λ 的取值趋向于 1,控制权私人收益水平就趋向于买方的预计值 B_b;如果市场趋向于不完全竞争,则 λ 的取值趋向于 0,若控制权交易双方对共享利益的预计相等,$Y_b=Y_s$,即控制权私人收益水平就趋向于卖方的预计值 B_s;若市场趋向于不完全竞争,若控制权交易双方对共享利益的预计不相等,$Y_b \neq Y_s$,即控制权私人收益水平就不是真值的合理估计,其差额为 $\alpha(1-\lambda)(Y_b-Y_s)$。于是,只要能够给出 λ 的估计值,在三种情况下都可以获得控制权私利的规模。

Dyck 和 Zingales(2004)在运用上述方法对 39 个经济体进行控制权私人收益水平进行计量和影响因素分析时发现,投资者法律保护制度和其控制权私人收益的水平呈现明显的负相关关系。

(二) 大小宗股权交易价差法

该方法由 Hanouna、Sarin 和 Shapiro(2001)所提出,基本思路和方法与 Barclay 和 Holderness 的控制权溢价相同,只是对控制权溢价比较基础的选择不同。在测算控制权私人收益时,区分控制权交易(投票权超过 30% 的股权交易)和小额股权交易(交易前后涉及的投票权都不足 30%),并按适当方法对二者进行配对,以控制权交易价格相对于小额股权交易价格的溢价来估计控制权私人收益。该方法的关键是如何对控制权交易和小额股权交易进行合理配对,以确保计算控制权溢价时有合理的比较基础。Hanouna、Sarin 和 Shapiro(2002)以西方七国 1986~2000 年间发生的 9566 个样本,根据产业类别、交易时间、交易态度、公司所在地将控制权交易和小额股票交易进行配对,研究结果表明控制权私人收益的水平为 18% 左右。

(三) 投票权溢价方法

Zingales(1994)在一篇实证研究文章中发现,同时发行有投票权股份和无投票权股份的上市公司样本中,存在投票权股份的交易溢价相对高企的情况。为此,他提出了按投票权不同的股票的价值计算投票权溢价的方法来估计控制权私人收益的计量模型。在 1995 年,Zingales 修正了投票权溢价的计算方法并提出了正式的分析模型。

模型假定,一家上司公司同时发行有投票权和无投票权的股票。在控制权市场上,有两个外部投资者是争夺该公司控制权的潜在购买者。持有无投票权股票的股东因为对企业经营没有决策和参与的权利,因而不可能获得公司控制权,自然就谈不上获得控制权私人收益,而持有投票权股票的股东因为对企业经营拥有决策和参与的权利,因而有机会获得公司控制权及获得控制权私人收益。设 B_i 表示第 i 个投资者预期获得公司控制权后可能获得的控制权私人收益的数量,Y_i 为第 i 个投资者成功收购目标公司后在公司所有股东间按持股比例分配的公司收益。假定第 1 个投资者最终收购成功,那么其在收购报价时的约束条件是:其一,$P_v \geqslant \dfrac{y_1}{N}$ 和 $P_{nv} = \dfrac{y_1}{N}$,前者是有投票权的股票的每股要约收购价格,后者是投票权的股票的每股要约收购价格,N 是总股份数量。控制权争夺者的报价只有满足第一个条件,原有股东才有可能出售自己拥有的有投票权股份。第二个条件表示购买无投票权股票只获得既定的现金流。其二,第一个投资者要约收购优于第二个投资者并收购成功的条件,即 $P_v \geqslant \dfrac{y_2}{N} + \dfrac{B_2}{N_v}$,其中,$N_v$ 是被收购公司有投票权股份数,B_2 即是第二个要约收购者报价中基于对该公司控制权私人收益的预期报价。那么,根据以上条件可知,只要 $\dfrac{y_2}{N} + \dfrac{B_2}{N_v} \geqslant \dfrac{y_1}{N}$,则投票权溢价的绝对数量可表示为 $P_v - P_{nv} = \dfrac{y_2 - y_1}{N} + \dfrac{B_2}{N_v}$。若两个投资者预期收购并取得公司控制权后的收益相等,即 $y_1 = y_2$,则投票权溢价的相对规模或比例可表示为 $\dfrac{P_v - P_{nv}}{P_{nv}} = \dfrac{B_2/N_v}{y_1/N} = \dfrac{B_2}{y_1} \times \dfrac{N}{N_v} = \dfrac{B_2}{\pi y_1}$,其中 π 为公司股份中有投票权股份数占总股份数的比例,则上述公式即表示有投票权股票相对于无投票权股票的溢价比例。

Nenova(2003)采用投票权溢价法进行了国际间上市公司控制权私人收益的研究。在实证研究中假定控股股东获取公司控制权所应获得的公司股权的比例(50%)。其实际采用的计算公式为：

$$V = \frac{P_M(t) - P_L(t)}{1-k} \times \frac{N_M + N_L k}{2[N_M P_M(t) + N_L P(t)]} \quad (4-7)$$

(4-7)式中，$P_M(t)$ 和 $P_L(t)$ 为多重投票权和有限投票权股票的周五收盘价，N_M 和 N_L 为多重投票权股票和有限投票权股票的股份数。k 是有限投票权股与多重投票权股投票权的比值。在分析控制权私立的解释变量时，发现了法律规则、投资者保护的重要性。

(四) ST 公司累计超常收益法

1998年以来，中国股票市场上存在特殊的监管公司类别ST公司，即特别处理公司。所谓ST公司，是指沪深交易所对符合以下三个条件之一并进行特别处理的上市公司：(1)连续两个财务年度亏损；(2)股东权益小于其注册资本；(3)由于自然灾害、突发事件或企业卷入毁灭性的诉讼或仲裁，公司停止营运且三个月内没有恢复的希望。按照交易所的相关规定，被交易所认定的ST公司若不能在规定期限内扭转经营状况，将被退市。但是，在实践中，即使上市公司被特别处理，退市的可能性也微乎其微。其原因是我国新股发行上市实行比较严格的核准制，企业通过发行股票并上市有相当难度。在这样的背景下，那些ST公司便成为稀缺的"壳"资源。那些急迫寻求上市机会的公司通过购买一个已经具备上市资格的"壳公司"，以获得通过资本市场融资的机会，也使自身的资产在注入上市公司后获得更多的溢价,成为许多企业上市的"便捷"渠道①。另外,由于上市资格的稀缺性,原有 ST 公司的控股股东及公司所在地的地方政府不会轻易放弃上市资格,控股股东及其所在地政府有动机动员各种资源对 ST 公司进行重组,以期实现保留上市资格的目的。在对上市公司"壳"资源的争夺过程中,上市公司控制权私人收益就反映在 ST 公司的累积超常收益中。Bai、Liu 和 Song(2002)在研究中国上市公司控制权私人收益时,认为通过观察 ST 公司控制权的争夺,可以较好地测算控制权私人收益的水平。这种计量上市公司控制权私人收益的方法被称为 ST 公司累计超常收益法(简称 CAR 法)。

Bai、Liu 和 Song(2002)累计超常收益的计算公式是:

$$CAR_{-3-18} = \sum_{t=-3}^{18} \left[\frac{\sum_{j=1}^{N}(r_{j,t} - m_{j,t})}{N} \right] \quad (4-8)$$

(4-8)式中,$r_{j,t}$ 和 $m_{j,t}$ 分别表示每月的股票收益率和市场收益率,N 是所考察的 ST 公司的样本数,-3-18 表示样本公司被交易所宣布特别处理后的 3 个月至被特别处理后的 18 个月。Bai、Liu 和 Song(2002)以沪深股市 66 家 ST 公司为样本,运用上述方法计算其累计超常收益,结果发现其累计超常收益水平的均值为 28.99%(中值为 26.32%)。

(五)对上述控制权私人收益测算方法的简要评析

投票权溢价方法不适合我国股票市场对控制权私人收益

---

① 由于重组上市中存在的不规范行为,中国证监会 2011 年 5 月发布《关于修改上市公司重大资产重组与配套融资相关规定的决定(征求意见稿)》,对相关规定进行修改,使借"壳"上市将执行与首次公开发行(IPO)趋同的标准,在规范和引导借"壳"上市方面迈出了重要一步。

的计算,其原因是我国上市公司发行的股票没有投票权与无投票权之分。投票权溢价方法存在的基础是上市公司发行二元股票,即一家上司公司同时发行有投票权和无投票权的股票,只有掌握有投票权的股票才能对公司的重大经营决策、人员聘用拥有控制权,公司的控股股东是拥有投票权的投资者。在公司控制权市场上,投资者对有投票权股票的争夺即意味着对公司控制权的争夺,因而有投票权股票的价格相对于无投票权股票的溢价就可以表示控制权私人收益的水平。

大小宗股权交易价差法的计算结果实际上是对上市公司控制权价值的度量,而控制权价值包括了控制权的共享收益和私有收益两个部分,控制权私人收益的度量应从控制权价值中剔除共享收益部分。因此该方法可能高估控制权私人收益的水平。另外,该方法对样本的要求较苛刻,样本只能选择在相对较短时间内同时发生了控制权交易和小额股权交易的公司,因而样本观察的范围受到极大限制,计算结果对整个股票市场的代表性大大减弱。

ST公司累计超常收益法的视角虽然独特,但其有明显的局限性:首先,该方法在计量上市公司控制权私人收益时选取的样本仅局限于ST公司,但是,在我国存在控股股东并攫取控制权私人收益的上市公司要远多于ST公司,这样选取样本并以此估计整个市场的控制权私人收益水平显然有失偏颇;其次,该方法在估计控制权私人收益时的主要思路是把ST公司上市资格的价值看作公司控制权私人收益,因为投资者对ST公司"壳"资源的争夺的实质是对其上市公司资格的争夺。因此,简单地将上市资格的价值归结为公司控制权的隐性收益,很有可能高估该隐性收益水平。刘睿智和王向阳(2003)采用了类似方法,测算出我国控制权私人收益的规模高达

56.73%,而他们对我国上市公司控制权私人收益的测算结果明显高于其他学者的结论。

综合以上分析,笔者认为只有控制权溢价方法适合对我国上市公司控制权私人收益的计量。但是,由于我国股票市场长期存在股权分置,控制权转让中非流通股的转让是绕不开的话题。同时,我国公司控制权市场的发展及控制权转让方式均具有独有的特点。因而,在使用控制权溢价方法测算我国上市公司控制权私人收益水平及其影响因素时,对大宗股权交易的样本选取及具体计算方法的运用就应对此充分地加以考虑。我国学者对此问题进行研究时大都体现了这种思路。为此,本章第二节首先分析我国控制权市场的发展及特征、控制权转让方式的类别、国有控制权转让的定价基础等。在第三节对比分析我国相关学者的研究方法后提出本文计算控制权私人收益的方法。

第二节 中国控制权市场的发展及特征

如上文所述,计算控制权私人收益水平一个重要的观察角度是比较控制权转移前后股票价格的差异,这与具体的控制权交易股份的性质、定价方式及交易特征密切相关。在研究影响控制权私人收益的因素时,对制度性影响因素的选择和分析离不开对控制权市场管理制度变迁的考察,尤其是影响控制权市场发展的重要制度和法律法规。因而在考察我国控制权私人收益水平时离不开对我国控制权市场发展各阶段的基础性制度变迁、交易方式、交易定价方式及具体特征的考察。本节主要介绍我国控制权市场的发展及特征、控制权转让方式的类别、国有控制权转让的定价基础等。

一、发展控制权市场的意义及控制权市场的概念

对控制权的争夺是对优化上市公司外部治理的重要方式，也是优化整体经济资源配置效率的重要渠道，因而控制权市场的规模及完善程度是一国股票市场发展水平的重要标志。在机制健全的股票市场上，如果上市公司管理者的管理效率低就会导致公司业绩水平和公司股票价格下降，这就给外部投资者提供了并购及获取该公司控制权的机会。若公司控制权发生转移，原公司管理者必将被撤换。因此，有效和完善的公司控制权市场是股票市场中上市公司外部治理的重要机制，它的存在对激励管理层的管理效率、降低管理者和所有者利益冲突的传统代理成本、提高公司价值和促进股票市场发展是一项重要的制度约束。另外，当上市公司存在较高控制权私人收益时，外部投资者对控制权的争夺也可以起到好的约束作用。因而，各国发展股票市场的实践中，在立法和监管环节普遍重视控制权市场的制度建设及控制权转让方式的选择。

控制权市场是指投资者或代理人通过协议收购、公开市场上购买股票、代理权争夺等方式改变公司控制权的市场。通过观察控制权交易可以了解控制权私人收益的水平。

二、我国上市公司控制权变动的方式

我国 2006 年修订的《上市公司收购管理办法》中对控制权变动方式简要描述为:"收购人可以通过取得股份的方式成为

一个上市公司的股东，可以通过投资关系、协议、其他安排的途径成为一个上市公司的实际控制人，也可以同时采取上述方式和途径取得上市公司控制权。收购人包括投资者及与其一致行动的他人。"①在第三、第四和第五章中分别对要约收购、协议收购和间接收购作出了相应规定。但在实践中，我国上市公司控制权变动方式还包括国有股权行政划拨、司法拍卖和裁决、公开的二级市场购买上市公司股份等方式。下面分别对主要方式进行简要说明：

所谓要约收购，主要是指收购方通过向被收购公司的股东发出购买其所持股份的书面意思表达，并按照其所依法公告的收购要约中所规定的收购条件、收购价格、收购期限以及其他事项，收购目标公司股份的并购方式。由于该方式体现了市场经济公开、公平的原则，所以发达市场控制权交易主要使用此种方式。

所谓协议收购，是指收购人与公司股票的特定持有人依照个别签署的协议或股权转让协议，取得他人非上市公司股票的收购方式。由于我国2005年以前存在股票市场的股权分置状况，所以绝大部分的股权收购采用此方式。协议收购方式存在信息不透明、监管不到位及其所导致的内幕交易等损害投资者利益等问题。随着股权分置改革的完成，这种方式所占比例逐步减少。在实践中还存在非流通股份转移的特殊方式，如司法裁决、抵债拍卖、股权托管等。

行政无偿划拨，是指各级政府将其控股的上市公司的股份无偿划拨给利益相关公司的产权重组行为，其目的是为了加强

---

① 中国证券监督管理委员会2006年9月1日颁布实施的《上市公司收购管理办法》第一章第五条。

上市公司的产业布局和国有资产的运营效率。

公开的二级市场购买,即竞价并购,是指通过在股票二级市场购买上市公司的流通股票以达到获得目标公司控制权的交易行为。该方式成本较高。

在我国控制权市场的实践中,还存在通过定向增发、吸收合并等方式改变上市公司控制权的情况。

三、中国控制权市场的形成和发展

改革开放初期,国家为了调整国民经济布局和对国有企业进行产权改革,以行政划拨形式进行的企业重组,严格意义上讲也是企业控制权的变动。随着20世纪90年代初沪深股市的建立和发展,市场化的控制权市场开始出现并逐步发展,但行政划拨方式的企业重组和控制权转移也一直存在。由于本书是基于投资者法律保护的角度考察控制权问题,而行政划拨式的控制权转让没有经过市场的博弈和定价过程,因而本书对我国控制权市场的分析只限于后者。

本书结合我国有关控制权转移的法律法规等制度建设的进程和控制权市场的实际变化划分控制权市场的发展阶段。具体来讲,以下面几个标志性事件为划分的依据:1993年《股票发行管理暂行条例》的出台和宝安集团通过在公开市场上收购延中实业股票来争夺控制权事件为控制权市场开始建立的标志,2002年《上市公司收购管理办法》的颁布实施标志控制权交易规范化的开始,2005年股权分置改革标志控制权交易市场化发展的新阶段。

(一)控制权市场的开始阶段(1993~1996年)

该阶段控制权的市场化交易开始出现,交易量有限。但是,规范交易活动的法律法规相对缺乏,监管水平较低。1993年颁布实施的《股票发行管理暂行条例》对股票市场上股权的要约收购进行了初步规范。1994年颁布实施的《公司法》对上市公司收购进行了规定,但是规范的内容只限于发行人回购自己发行的股票,而对外部投资者为争夺控制权而进行的股权收购没有进行任何说明。该阶段的另一个标志性事件是1993年9月深圳宝安集团上海分公司在股票二级市场收购延中实业的股份。虽然证监会认定宝安集团及其关联企业在股权收购中存在信息披露方面的违规行为,但同时认为其股权收购行为有效①。本次收购行为最终导致延中实业控制权的转移,这是我国股票市场上第一次市场化的控制权交易行为,具有重要的标志性意义。随后,又出现了多次类似的控制权交易事件,如深圳万科收购申花实业、深圳天极光电收购小飞乐等。另外,控制权交易方式还出现了股权协议收购和外资并购。1994年,珠海恒通集团通过股权协议收购的方式得到了棱光股份的国有股,并掌握了后者的控制权,这是我国上市公司通过协议收购方式转移控制权的首个案例。② 但是,恒通集团掌握棱光股份控制权成为其大股东后,通过让后者为其提供贷款担保方式大肆攫取控制权私人收益。1995年,北旅公司向外资协议转让国有法人股,随后国家有关部门停止了此类控制权交易活动。

---

① 根据《上海证券报》1993年10月9日第1版相关内容整理。
② 根据《上海证券报》1994年4月30日第8版相关内容整理。

(二) 控制权市场的无序发展阶段(1997~2001年)

在该阶段,国民经济发展处于较困难的时期,部分国有控股的上市公司经营业绩不佳。为了使这些公司摆脱经营困境,国家从制度层面出台了经营困难企业并购重组的一系列法律及行政措施:1999年颁布实施的《证券法》明确了外部投资者对上市公司股权协议收购的法律地位,降低了此类活动的成本;2000年出台了上市公司债转股活动的相关规定;2001年实施的四项独立审计准则试图从会计准则角度规范企业并购重组活动;2001年对亏损上市公司退市问题出台了相关规定。在此背景下,上市公司资产协议收购、借"壳"上市等并购活动迅速扩大。以上海市为例,在该阶段,其115家上市公司中有超过70%进行了重组活动。

但是相关配套措施不完善,并购重组活动较混乱,虚假交易、内幕交易、投机行为屡禁不止,中小投资者利益受到严重侵害。

(三) 控制权市场规范发展的起步阶段(2002~2005年)

为规范控制权市场的混乱局面,2002年证监会颁布了《上市公司收购管理办法》,对《证券法》中关于上市公司并购行为的立法制定了实施细则和监管措施,对上市公司控制权交易的操作程序作出了详细的规定,目的在于更好地规范和约束控制权交易行为。与具有标志性意义的《上市公司收购管理办法》相配套的监管文件还有《关于上市公司重大购买、出售、置换资产若干问题的通知》和《上市公司股东持股变动信息披露管理办法》,它们共同为上市公司控制权交易活动提供了较规范的法律法规体系的制度框架,对上市公司的并购活动起到了促进作用。

但是,我国上市公司的主体是国家控股的股份公司,股权分置的存在极大地降低了控制权市场的功能,它们的并购活动很多由政府主导,行政色彩浓厚,控制权交易的市场化程度低。大多控制权转移是以协议方式进行,且高比例的非流通股的存在对控制权的转变是很大的障碍。由于出于行政目的的并购重组活动偏离市场活动规则,导致上市公司控制权交易活动和控制权转移后出现很多问题,如新的控股方选择不当而出现大肆掏空上市公司资产、侵占中小股东利益的现象屡屡发生。另外,根据2002年《上市公司收购管理办法》的规定,公司股权交易中只能以现金付款,这严重制约了投资者并购的融资能力,与国际惯例不一致,约束了控制权市场的活力。

(四)控制权市场发展的新阶段(2005年至今)

2005年开始进行的股权分置改革是为解决我国股票市场长期存在的非流通股和流通股股权分置而进行的重大制度变革,对股票市场上的控制权交易产生了重要影响。为适应股票市场变革背景下控制权交易的需要,国家相继修改和完善了一系列与股权并购交易有关的法律法规,其中包括《证券法》、《外国投资者对上市公司战略投资管理办法》、《关于外国投资者并购境内企业的规定》、《上市公司收购管理办法》等。这些并购交易法律法规的进一步完善为控制权交易市场化程度的提高、优化股票市场资源配置功能提供了制度保障。该时期控制权市场的发展速度明显加快,对完善上市公司外部治理奠定了基础。

在上述制度变革中,尤其是2005年开始的上市公司股权分置改革和2006年修订的《上市公司收购管理办法》对控制权市场的完善具有特别重要的意义。

股权分置改革实现了非流通股的流通问题,为发挥控制权交易的市场机制提供了重要的制度基础。

修订后的《上市公司收购管理办法》放宽了要约收购中实际操作中的行政约束。首先,《上市公司收购管理办法》改变了股权并购中的支付方式的规定,由只允许现金支付转变为现金、证券均可。并购交易支付方式的这种转变更符合国际惯例,也增加了投资方的并购能力,有利于扩大控制权市场的规模。其次,调整了投资者收购上市公司股份的要约收购方式,由只允许强制性全面要约收购方式[①]转变为由投资者选择使用全面要约或者部分要约收购方式[②]。并且,管理办法将部分要约收购的豁免权由证监会的行政审批转变为由被收购公司股东大会决定。这些措施的实施减少了证券监管部门的行政约束,增加了市场主体的决策权力,有利于控制权市场的发展。最后,证监会对控制权转移中的要约收购由只注重审批转变为事前审批与事后监管并重,并且强调中介机构市场机制的发挥对上市公司收购活动的约束作用[③]。

总体来看,新阶段控制权市场呈现如下特点:由于股权改革的需要和投资者产业布局的需求,并购交易规模不断扩大;交易方式呈现多样化的特点,不仅有协议收购、出售资产,还出

[①] 根据2006年修订的《上市公司收购管理办法》的说明,全面要约是指投资者向被收购公司全部股东发出收购其所持有的全部股份的要约收购方式。

[②] 根据2006年修订的《上市公司收购管理办法》的说明,部分要约是指投资者向被收购公司全部股东发出收购其所持有的部分股份的要约收购方式。

[③] 根据2002年颁布实施和2006年修订的《上市公司收购管理办法》第三章相关内容整理。

现外资并购、资产置换、要约收购等;由于国家行业政策的调整,电信、民航等部分行业开始战略并购。

四、中国控制权市场的特征

我国控制权市场与整体经济发展的进程密切联系,制度改革和市场体系呈现出不断完善和快速发展的特点。由于发展时间较短,虽然取得了很大成绩,但是不足和缺陷也在所难免。总体来看,我国控制权市场的特点如下:

第一,控制权交易规模不断扩大,发展速度很快,与整体经济规模相比,发展水平较低。上文按阶段分析我国控制权市场发展时,可以看出我国控制权交易的法律法规等制度建设不断完善的过程,虽然还存在值得进一步完善之处,但基本具备了约束控制权交易的制度框架。以下数据显示了我国控制权交易的增长速度(见表4-1):

表4-1 A股市场上市公司股权转让交易数据(1996~2008年)

年份	上市公司股权交易家数	交易金额(万元)
1996	15	1714
1997	40	161017
1998	116	315132
1999	117	399691
2000	148	618607
2001	205	881718
2002	215	1577562
2003	308	2325101
2004	342	4638115
2005	294	2428524
2006	410	3410611
2007	286	2823826
2008	263	2862900

资料来源：wind 数据库。

在国际上比较，无论我国的整体经济规模，还是资本市场的规模都在世界前列，但控制权交易整体水平都比较低。2008年全球并购交易平均规模为 9310 万美元，美国为 2.33 亿美元，中国仅为 4930 万美元。①

第二，控制权交易方式单一。股权分置改革前，我国控制权交易市场中大宗资产重组占主流，大宗股权交易的比例较小，这和我国控制权市场中政府行政力量过多介入有关。股权分置改革后，大宗股权交易的比例不断增加，2008 年，协议转让的股权占总交易额的 55%。但是，大宗股权交易也往往和资产剥离和资产注入一起进行。②

第三，行政力量在控制权市场上扮演重要角色。由于我国上市公司的主体是国有控股公司，各级政府国有资产管理部门作为出资人代表在控制权交易中是主要的推动者和决策者。纵观我国控制权市场的发展历程，各级政府通过国有资产的划拨和转让对上市公司并购和重组，使控制权市场得到了较大的发展，但是，由于政府非完全市场化的目标取向使我国控制权市场的发展存在先天不足，主要是抑制了市场机制本有功能的发挥和限制了市场配置资源的基础性作用。具体表现就是我国控制权市场出现的各种问题。2008 年，我国股权转让中仍然有 20% 属于行政划拨。③

第四，我国控制权市场大量存在内幕交易、市场操纵等问题。由于股票市场发展和证券监管效率处于不完善阶段，许多控制权交易活动发生在关联企业和同一行政区域内的利益相

---

① Thompson Reuters 统计数据。
② 来源于《中国公司治理报告》(2009)第 25 页。
③ 来源于《中国公司治理报告》(2009)第 25 页。

关者之间,信息披露的管理也存在较大漏洞,控制权转让中内幕交易、市场操纵等问题屡禁不止。这些问题导致股票二级市场价格大起大落,严重损害了外部投资者尤其是中小投资者的利益。

五、中国上市公司控制权转让的定价

理论上讲,上市公司控制性股权的转让与任何比例公司股权的转让都是股权资产的交易行为,在市场配置资源的格局下其定价应该与一般资产的定价机制一样,应该是交易中的均衡价格。但是,有两个原因造成我国上市公司控制权转让的定价机制具有特殊性:一是我国控制权转让的主体是国有股,国有股的转让涉及国有资产管理的各项政策,政府对其转让的目标不仅仅限于盈利;二是我国股票市场不同时期不同的股权结构及股权特性,在股权分置改革前,转让的主体是非流通的国有股,股权改革完成后,控制权转让的是流通股,二者的定价基础是不同的。以下主要说明不同时期我国上市公司国有股转让定价机制的特点。

(一)股权分置改革前以净资产为定价基础

在2005年股权分置改革前,上市公司控股股东持有的股份主要是非流通的国有股,由于其不具有流通性,它的价值与公司流通股的市场价格没有联系,净资产是非流通性控股股权转让的主要定价基础,也是国有资产管理部门对其考核的主要指标。在具体政策层面,主要有两个规范性文件:一是1997年的《股份有限公司国有股股东行使股权行为规范意见》,其中规定上市公司国有股股权转让股份的价格必须根据每股净资产、每股收益、净资产收益率、实际投资价值、流通股市场价格及合理的市盈率等确定,但不得低于每股净资产。二是2003年国资委颁布的《关于规范国有企业改制工作的意见》,在此文件中明确规定,上市公司国有股转让价格在不低于每股净资产的基础上,参考上市公司盈利能力和市场因素进行定价。在具体国有股转让的实践中,上市公司国有控制性股权的转让基本遵循不低于每股净资产的定价原则。

控股权转让以净资产为定价基础的做法被普遍看作国有资产管理部门对国有资产保值诉求的现实反映。但是,该做法明显存在缺陷:净资产是上市公司历史价值的反映,而控制权转让中的投资者的出价主要考虑的是公司未来的盈利能力;在现实中,公司内部控制人往往通过非正当手段人为抬高或压低公司的账面净资产,使控制权转让的定价基础失去实际意义;对于净资产为负的公司的控制权转让则该方法失效;在股权分置的背景下,控制权转让市场以净资产为非流通股定价基础显然忽视了流通股价格所反映的市场供求因素。

(二)全流通背景下以市场价格为定价基础

股权分置改革完成后,上市公司逐步实现了同股同权,国有控制权转让的定价基础也逐步过渡到市场定价。2007年,国资委和中国证监会联合发布《国有股东转让所持上市公司股份管理暂行办法》,对涉及控制权转移的交易价格明确规定:国有股东转让上市公司股份的价格应根据证券市场上市公司股票的交易价格确定,其中国有股东采取大宗交易方式转让上市公司股份的,转让价格不得低于该上市公司股票当天交易的加权平均价格;国有股东协议转让上市公司股份的价格应当以上市公司股份转让信息公告日(经批准无需公开股份转让信息的,以股份转让协议签署日为准)前 30 个交易日的每日加权平均价格算术平均值为基础确定,确需折价的,其最低价格不得低于该算术平均值的 90%。

第三节 我国上市公司控制权私人收益的计算

本章第一节分析了各种主要控制权私人收益计算方法在我国的适用性,并指出只有控制权溢价方法适合对我国上市公司控制权私人收益的计量。我国学者在计算控制权私人收益时针对控制权转让中非流通股转让的特殊问题采用了多种处理方法。笔者将在参考其他学者研究方法的基础上,综合考虑相关因素并提出合理的计算方法,对大宗股权交易的样本选取及具体计算方法的运用将充分考虑我国上市公司控制权交易的具体特征。

一、我国上市公司控制权私人收益计算方法的选取

(一) 国内相关学者采用的控制权私人收益计算方法综述

唐宗明和蒋位(2002)在研究我国上市公司控制权私人收益时,根据当时我国控制权转让的特点,认为上市公司控制权的转移主要是控股股东将非流通的国有股和法人股进行转让,具体交易方式是股权协议转让。但是,协议转让的非流通股的

市场价格无法确定,他们以所转让非流通股的每股净资产作为计算溢价的比较基础。其原因是每股净资产不仅是国际通用的资产定价基准,也是国内实际对非流通股转让定价的国家规定和主要依据。他们以 Barclay 和 Holderness 的控制权溢价模型为基本思路,考虑我国的实际情况提出了上市公司控制权私人收益的测算公式: $CP = \dfrac{P_A - P_B}{P_B}$,其中,$P_A$ 是大宗股权转让的每股交易价格,P_B 是交易的非流通股的每股净资产。在实际计算时,只选取了涉及非流通股的控制权转让,而剔除了流通股转让的样本,并且也把由于担保诉讼等事项导致的股权被强制拍卖产生的股权转让排除掉,按照此标准共从沪深两市 1999 年至 2001 年间筛选出 90 个样本,实际测算计算出大宗股权转让平均溢价为 27.9%,控制权私人收益水平为 6%(即大宗股权所含股份比例乘以转让溢价)。但是,他们的研究存在明显的缺陷:所选取的 90 个样本是在没有设定控股权变更标准的条件下得出的结果,其中,涉及控制权转移的样本不到 50 个,交易股份占样本公司股权比例最低的仅为 1%,也就是说有相当比例的样本实际上没有涉及控制权的变化。在这样的样本条件下的计算结果很难说是控制权私人收益的真实估计。

施东晖(2003)在研究我国上市公司控制权私人收益时,基本方法是大小宗股权交易价差法。由于其研究的是一个国家股票市场的控制权私人收益,不存在 Hanouna、Sarin 和 Shapiro(2002)研究的跨国样本问题。因而,他对样本配对的方法是:我国股票市场上一年内同时发生控制权交易和小额股权交易的公司为样本公司,若一年内发生超过一笔小额股权交易的公司,则取其交易的平均价。其在确定样本选取标准后,对我国股票市场1997年至2001年间的股权交易情况进行筛选,共得到35个符合条件的样本。计算单个公司控制权私人收益水平的公式是:$V=\dfrac{P_c-P_m}{P_m}$,其中,V即为单个公司的控制权价值,P_c和P_m分别表示大额股权交易价格与小额股权交易价格。在计算出所有样本的控制权价值V后,取其平均值即为整个股票市场的控制权平均价值。

韩德宗、叶春华(2004)在对我国股票市场控制权私人收益研究时,也采用了 Barclay 和 Holderness 的控制权溢价模型的基本思路。他们测算溢价的计算公式是:$PBC=\dfrac{\omega(P-V)}{V}$,$\omega$为股权交易中控制性股权所占比例,$P$为其每股交易价格,$V$为大宗股权交易完成后的每股净资产。以每股净资产作为控制权溢价的比较基础在我国股票市场有一定合理性,因为控制性交易的非流通股的定价基础不同于流通股,在实践中采用的正是每股净资产。他们选取了1998年至2001年间控制权交易的88个样本,研究结论表明该时期我国上市公司的控制权溢价平均水平为40.2%,考虑样本中控制权交易所含的股权比例,经折算后我国上市公司的控制权私利规模为14.1%。

叶康涛(2003)在测算我国上市公司控制权私人收益时,针对股权分置的实际情况,对上市公司转让的股权按流动性、是否控股加以区分,在计算方法上更贴近实际。他把控股股东的控制权私人收益 P 定义为上市公司转让的具有控股权、但不具有流动性的控股非流通性股份价值相对于既不具有控股权又不具有流动性的非控股、非流通股份价值的溢价。唐宗明和蒋位(2002)、韩德宗和叶春华(2004)在研究中都把非流通股的每股净资产作为控股权溢价比较的基础,比较而言,叶康涛(2003)把非控股、非流通股份价值作为控制权溢价比较基础的方法更优,每股净资产是账面价值,而转让中非控股、非流通股份的交易价格才体现了市场定价。基于以上方法的设定,叶康涛(2003)实际测算控制权私人收益的模型为: $\frac{P}{P_L} = \alpha + pTRC + \sum q_i X_i + e$,其中, P_L 为流通股的市场价格, TRC 是虚拟变量(当控股股东发生变更时取值为 1,否则取值为 O), X 为控制变量, α 、p 和 q 为待估系数, e 为随机项。在计算模型中, p 即为公司控制权私人收益的水平。按照上述样本选取方法,得到 2001 年 162 个样本,实际计算的结果表明控股、非流通股转让相对于非控股、非流通股的溢价大约为 28%。但是,其研究的最大不足在于没有对样本进行配对,所得到的数据难以测算具体目标公司的控制权私人收益水平,则在此基础上对整个市场控制权私人收益的度量就难说准确。另外,他选择的控制变量没有充分考虑交易的特征和公司特征等差因素。

  林朝南(2007)在计算我国上市公司控制权私人收益时特别强调从控制权价值中剔除共享收益,他认为上述几位学者的计算均忽略了这一点,因此导致了对控制权私人收益的高估。他的具体处理方法是:用上市公司控制权转移前三年的加权净资产收益率作为样本公司未来增长的预期,在控制权溢价中将其作为共享收益扣除以得到控制权私人收益。其控制权私人收益的测算方法如下:

$$CP = \frac{TP-NA}{NA} \quad (4-9)$$

$$PBC = \omega^* (CP-EP) = \omega[(TP-NA)/NA \quad (4-10)$$
$$- \sum_{i=1}^{3} R_i * ROE_i/(R_1 + R_2 + R3)]$$

$$ROE_i = \alpha_0 + \alpha_1 ROE_{t-i}, i=3,2,1 \quad (4-11)$$

上述计算方法中, PBC 是上市公司控制权私人收益,大宗股权转让的每股交易价格 TP 相对于与每股净资产 NA 的溢价 CP 即大宗股权溢价,ω 是转让的控制性股权占目标公司全部股份的比例;EP 为目标企业股权转让前三年的加权平均净资产收益率。在实证分析中,选择 2001~2004 年 A 股市场上有效样本 308 个,结果发现,控制权私人收益的均值达到企业净资产规模的 15.77%,且差异比较大。

马忠(2007)在进行上市公司控制权收益测算时,也强调了在控制权溢价中对共享收益的扣除,但其度量控制权共享收益的具体方法与林朝南(2007)不同。他用上市公司控制权转移后 3 年平均的净资产增量和股利来表示控制权溢价的共享收益。其控制权私人收益的测算公式如下:

$$PB = \frac{(P - NAPS - ENCF) \times N_b}{NAPS}$$

$$= \frac{[P - NAPS \times (1-\alpha)] \times N_b}{NAPS \times N} \quad (4-12)$$

上式中,P 是非流通性的控制性股权的每股交易价格,$NAPS$ 是样本公司每股净资产,$ENCF$ 是为他设定的共享收益,即上市公司控制权转移后 3 年平均的净资产增量和股利,N 和 N_b 分别表示目标公司的全部股份和股权交易的股份。在实际测算时,他选取了 1998~2004 年的有效样本 241 个,结论表明控制权私利规模的均值为公司净资产的 13.75%,为非流通股价值的 22.88%。

周世成(2010)在计算上市公司控制权私人收益时,主要采用了控制权溢价模型的基本思路,具体变量的使用与唐宗明和蒋位(2002)相同,但同时使用了三个计量公式,分别是:

$$BPC_1 = \frac{\theta_T(P_A - P_B)}{P_B} \quad BPC_2 = \frac{\theta_N(P_A - P_B)}{P_B} \quad BPC_3 = \frac{P_A - P_B}{P_B}$$

$$(4-13)$$

在上述三个公式中，θ_T，θ_N 分别表示大宗股权交易股份与目标公司总股份及非流通股份的比例。但是，他在样本选取时克服了唐宗明和蒋位（2002）的不足，按控制权转移的口径选择了1997年至2006年的196个样本；从时间序列计算出了从1997年至2006年每年的控制权私人收益的水平及总的均值，三个口径指标的均值分别是12.48%、19.37%和39.24%。

（二）对上述计算方法的简单评价

纵观上述国内学者对我国上市公司控制权私人收益的计算方法，其共同点及争议可作如下总结：

其一，大多数计算方法的设计都采用Barclay和Holderness的大宗股权转让的控制权溢价模型为基本思路。只有施东晖的计算方法使用大小宗股权交易价差法的思路，但本质上仍然是通过观察大宗股权交易的溢价来确定控制权私人收益的水平。

其二，在选择大宗股权交易样本时，各位学者都基于我国股票市场上市公司股权分置的特点和控制权交易方式的特色，把非流通股的转让作为选取的对象。笔者认为这样的设定切合我国在股权分置改革以前的市场实际和特点，其原因如本章第二节所述，我国在该时期控制权转让的绝大部分是国有的非流通股。但是，在股权分置改革后，随着时间的推移，上市公司控制性股权的转移是否仍然是非流通股占绝大部分比例，以至于可以达到在测算整个市场上市公司的控制权私人收益水平时可以忽视流通性的控制权转移的程度，则有待对实际数据的观察。如果流通性控制权转移达到一定比例，则在测算整个市场上市公司的控制权私人收益的水平时就必须加以考虑，因为控制权市场的基础不同，至少是交易对象发生了实质的变化。

如果此时仍然以非流通股的转让来代表整体大宗股权转让则失之偏颇。

其三,相关学者在确定控制权溢价的比较基础时存在分歧。唐宗明和蒋位(2002)、韩德宗、叶春华(2004)、林朝南(2007)、马忠(2007)及周世成(2010)均使用所转让非流通股的每股净资产作为计算溢价的比较基础。施东晖(2003)在选取样本时,把目标公司选定为一年内同时发生控制权交易和小额股权交易的公司,把小额股权交易的价格作为控制权溢价的比较基础,若一年内发生超过一笔小额股权交易的公司,则取其交易的平均价。应该说,施东晖(2003)的方法比较接近控制权私人收益溢价的真实基础,但该方法在计算时还要取决于样本配对的结果,如果配对的结果是相当比例的样本找不到同时期内小额股权交易,则不可行。与施东晖的方法类似,叶康涛(2003)把非控股、非流通股份价值作为控制权溢价比较基础的方法。笔者认为每股净资产是账面价值,而转让中非控股、非流通股份的交易价格才体现了市场定价,把后者作为控制权溢价的基础更符合控制权私人收益的本意。但可惜的是叶康涛的样本选取没有进行样本配对。

其四,对从控制权溢价中扣除共享收益的争论。林朝南(2007)和马忠(2007)认为之前国内学者的研究在控制权私人收益的计算中高估了其水平,原因是没有将共享收益从控制权溢价中扣除。二者只是在扣除共享收益的方法上存在区别,前者以上市公司控制权转移前三年的加权净资产收益率作为共享收益的估计值,后者以上市公司控制权转移后3年平均的净资产增量和股利作为共享收益的估计值。但是,对在控制权私人收益的计算中是否应该扣除共享收益历来存在争议:Grossman和Hart(1988)认为控制权溢价包括私人收益和共享利益或证券利益,但在实际计算时认为控制权转移后目标公司股票的市场价格已包含共享收益,没有专门进行扣除的计算;Dyck 和 Zingales(2004)也认为控制权溢价包括私人收益和共享利益或证券利益,并在实际计算时予以扣除。笔者认为,上市公司控制性股权交易中买卖双方达成的价格与基础价格相比的溢价部分主要体现了对控制权私利的考虑,所谓共享收益部分基本能够体现在二级市场在交易信息公布后的市场价格中,若再进行扣除则可能低估了控制权私人收益的水平。

二、本书采用的控制权私人收益计算公式

综合以上分析,本书提出测算我国上市公司控制权私人收益的计算公式,与国内大多数学者相同,采用 Barclay 和 Holderness 的大宗股权转让的控制权溢价模型为基本思路。但是,同时考察非流通的控制性股权转让和流通股的控制性股权转让。其具体公式如下:

$$PBC = \frac{\alpha(P_A - P_B)}{P_B} \qquad (4-9)$$

测算公式与唐宗明和蒋位(2002)、韩德宗和叶春华(2004)、施东晖(2003)、周世成(2010)等人的测算公式类似,但相关变量的含义有所区别。其中,CP 表示控制权溢价,α 表示股权交易中控制性股权所占比例,PBC 则表示考虑转让的股权在总股权中所占的比例之后的控制权私人收益水平;若样本是非流通股的协议转让,则 P_A 代表非流通的国有股控制性股权转让的每股交易价格;若样本是流通股,控制性股权通过二级市场竞价并购或通过协议转让发生转移,则 P_A 代表控制性流通股的交易价格或协议转让价格。若样本是非流通股的

协议转让，P_B 是交易的非流通股的每股净资产①；若样本是流通股，控制性股权通过二级市场竞价并购或协议转让发生转移，则 P_B 代表目标公司在第一次并购信息公布后第二个交易日的市场个股交易价格。

三、样本、数据选取的说明

（一）样本选取的依据

在对上市公司控制权私人收益水平进行度量时，相关学者关于样本选取的标准存在很大差异。最早提出控制权溢价模型的 Barclay 和 Holderness(1989)将 5% 以上股权的大宗协议交易作为大宗股权交易的样本选取标准，Huanouna 和 Shapiro (2001)把交易前投票权不足 30% 但交易后超过 50% 的交易确定为大额交易，Hwang(2005)按股权交易 5%、10%、20%、30%、50% 的比例分别计算，Nenova(2003)假定只有掌握 50% 的投票权才能拥有公司的控制权。以固定的股权转让比例作为控制权转移的标准显然是不合适的，因为不同的公司股权结构差别很大，股权分散的公司很小比例的股权交易就有可能导致控制权的变化，而股权集中的公司很大比例的股权交易也未必会使控制权发生变化。在确定控制权私人收益测算样本的

---

① 之所以选取净资产作为控制权溢价的比较基础，而不是笔者认为更好的同时期小额股权交易的价格，是由于根据对所筛选的控制性股权交易样本配对的结果显示后者不可行。如对 1997 年全部 10 个样本配对的结果表明，只有 1 个样本能够成功找到同时期的小额股权交易。如果把小额股权交易作为控制权溢价比较基础则要大大减少可用的样本数，这无疑会降低估计值的代表性。

讨论中，Dyck 和 Zingales(2004)提出了以下样本选取的条件：第一，只有控制权发生转移的股权交易才能进入样本选取范围；第二，无论是何种交易方式，只有股权转让价格可得的交易才能确定为样本，否则无法计算溢价水平；第三，股权交易信息公布后股票在二级市场的交易价格能够取得，这是因为投资者获知公司控制方变动的信息后对公司预期收益变动调整后的公司股票价格要能观测得到；第四，作为样本的控制性股权交易是完全的市场行为，交易行为本身及交易信息公布后的股票交易价格都不受非市场因素（如政府管制政策）的规范与限制。可以说，Dyck 和 Zingales(2004)提出的测算控制权私人收益的样本选择条件是恰当的，因为其所罗列条件一方面保证了计算结果反映的是控制权变动所导致的溢价水平，而避免了单纯依靠固定比例股权交易选取样本的弊端，另一方面保证了计算数据的可得性和市场化结果。应当说，在计算我国上市公司控制权私人收益时，上述样本选择条件是很好的参照，但我国股票市场股权结构的特殊性、控制权交易主体及交易方式的特点决定了这些选取样本的条件不一定完全适用。因此在测算我国控制权私人收益时对样本的选取还必须充分结合我国上市公司股权结构、控制权交易主体及交易方式的特征。

从控制权私人收益的本义来看，控股股权的购买方之所以愿意支付超过非控股的小额股权的溢价，是由于取得公司控制权后可以获得超过其现金流权的溢价，因而计算控制权私人收益时选取的样本的最重要的标志应该是控制权发生转移的股权交易。但是，国内的相关研究在选取控制权转移样本时多数仍然采用股权比例的方法。唐宗明和蒋位(2002)在样本选取时没有设定股权转让的固定比例，导致样本中出现转让股份比例过小，从而样本可能不是控制权交易的问题；韩德宗、叶春华

(2004)以及周世成(2010)以转让股权比例超过20%作为选取样本的标准等；林朝南(2007)以股权转移是否导致第一大股东发生变化作为样本选取的标准。笔者认为，我国股权分置改革前上市公司非流通的国有股占比例很大，股权分置改革后逐步进入全流通时代，不仅股权结构中的控股股东性质发生变化，而且股权集中度也在不断降低，如果在对不同时期的控制权转让样本进行选择时按相同的股权交易比例作为标准是不科学的。同时，考虑现有数据库资料的可得性，笔者倾向于林朝南的选取方法，即把在股权交易后上市公司第一大股东是否发生变化作为判断控制权是否发生转移的标准，而不是设定固定的股权交易比例。

(二) 样本选取的原则

本书选择1997～2010年共15年沪深两市A股发生的上市公司股权交易为计算的样本选取范围。与我国其他学者的研究在样本选取方面最大的区别是：本书不仅考察以协议转让方式交易的非流通性控制性股权交易，同时考虑在2005年股权分置改革后通过协议方式转让的具有流通权的流通股交易，以及通过股票二级市场增减持(即竞价并购)方式发生的控制性股权交易进行了考察。根据上文中对研究样本选取方法的讨论，本书确定的样本选择原则如下：第一，控制权发生转移的原则，即选取的样本必须是发生了上市公司控制权转移的股权交易，具体的观察角度是股权交易后第一大股东发生变更；第二，非关联交易原则，即剔除关联交易的股权交易，因为关联交易中价格确定的原则是复杂的和非市场化的，不能反映控制性股权的交易溢价；第三，资料可得性原则，即剔除没有公布转让价格的股权交易，这些样本无法进行测算；第四，自主交易原则,即所选取的股权交易必须是交易双方在平等、自愿的条件下达成的,因而应该剔除通过无偿划拨、抵债或被法院强制拍卖方式发生的股权转移,因而只选择通过协议转让(有偿)和二级市场增减持方式达成的股权交易样本;第五,交易已完成,即交易在签署协议、公告信息、交易确认后最后完成;第六,相关股权交易样本的合并。在样本筛选过程中,笔者发现,导致上市公司控股权变化的股权交易中,在同一个交易日内同一个股权购买者同时从同一家上市公司多个原股东手中购买股权的情况,且大多数情况下每股交易价格相同;另外还存在同一交易日一个股东向多个购买者出售股权导致控股权变化的情况,每股交易价格也基本一致。笔者认为这两种情况下的控制权发生变动,是因为同一家公司股东多笔交易同时发生导致的,若分开作为多个样本进行计算则高估了控制性股权变动的样本数,因此需要对这两类样本进行合并处理。处理的原则如下:对同一个交易日内同一个股权购买者同时从同一家上市公司多个原股东手中购买股权的情况,将多笔转让的股权比例相加并视其为同一笔交易,交易价格以多笔交易的股权比例为权数计算加权平均价格;同一交易日一个股东向多个购买者出售股权导致控股权变化的情况,采取相同的合并计算方法进行处理。另外,由于金融类上市公司与其他公司相比在财务数据方面的特殊性,在样本选择时剔除此类公司的股权交易样本。

从深圳国泰安信息技术有限公司设计开发的 CSMARS 数据库中选择 1997~2010 年的股权交易样本 10216 个,根据上述样本选取的原则进行筛选得到通过协议转让方式进行的非流通性股权交易样本 549 个,使用上述股权合并方法后得到 509 个样本;另外还取得 2006~2010 年通过二级市场流通股增减持方式的样本 9 个,这符合本书在第四章中的判断,即随着股权分置改革的完成和控制权市场的发展,竞价并购方式逐步出现和扩大,只是目前还不具备主流地位,但对其进行观察仍具有现实意义。财务数据来源于国泰安《中国上市公司年报财务数据库》以及《中国上市公司财务指标数据库》,部分财务数据来源于上市公司各年年报。

另外,笔者发现在 CSMARS 数据库在 2005 年股权分置改革后的对控制性股份转让样本中,对转让的控制性股份的性质的描述中分为流通股、流通受限股、有条件出售股、国有股、法人股、国有法人股、自然人股等。对流通股、流通受限股和有条件出售股这三类能比较清晰地确定在计算控制权私人收益时的比较基础,流通股以公告次日的二级市场交易价格为准,后面两类股份由于不具有流通权应视同非流通股并以每股净资产为比较基础。但剩余的国有股、法人股、国有法人股、自然人股等不能确定其在交易日是否已经获得了流通权。为此,笔者查阅了 2005 年 6 月 10 日股权分置改革开始后所有此类样本公司的股改公告,对比分析样本公司股改实施日、股权出让方是否有受限出售条件及到期日、股权出让方是否有特别承诺及承诺股份流通的时间等,并最终确定了控制权转让样本中出让方出让的国有股、法人股、国有法人股、自然人股等在控制权转让当日是否已经获得了流通权,从而为每个样本在计算控制权私人收益时明确了是使用每股净资产还是二级市场个股交易价格。

四、样本的描述性统计

因为本书选取的样本分为非流通股的协议转让、股改后具有流通权股份的协议转让、竞价并购三种方式取得的控制性股权交易,所以样本的描述性观察主要从这三个方面进行。首先观察不同股权交易方式样本数的分布状况,其次说明不同股权交易方式进行测算控制权私人收益相关变量的相关情况。

表 4—2 控制性股权交易样本年度及交易方式分布情况(单位:个数)

年份	交易方式			分年度有效样本合计
	协议转让1	协议转让2	竞价并购	
1997	23		0	23
1998	40		0	40
1999	46		0	46
2000	49		0	49
2001	58		0	58
2002	59		0	59
2003	55		0	55
2004	24		0	24
2005	41		0	41
2006	42	2	1(1)	45
2007	18	1	1(9)	20
2008	13	6	2(4)	21
2009	11	11	1(8)	23
2010	1	9	4	14
合计	480	29	9	518

注:(1)竞价并购一列中括号内的数字表示所用数据库中缺失交易价格的样本数;(2)协议转让1指协议转让的非流通股;(3)协议转让2指协议转让的股改后具有流通权的股份。

从表 4—2 可以看出,上市公司通过非流通股的协议转让方式完成控制权交易的样本在 2005 年股权分置改革以前数量较大,在 1998 年和 2006 年基本在 40 个以上,只有 2004 年较少,这可能是由于当时国有非流通股占比例大、处于绝对控股地位,上市公司控制权转移是在非流通股转让的情况下发生。在股权分置改革开始后的前两年,2005 年和 2006 年控制权通过协议转让的样本数量也较集中,这和该时期股权分置改革方案的集中进行有关。股改后具有流通权股份的协议转让样本从2006年开始出现,但数量不是太大,这和股权分置改革的重大制度改变有关,非流通股股东通过对价方式取得流通权后由于数量巨大,一般通过二级市场减持都通过控股股东的特别承诺进行了限制。通过竞价并购方式成功进行了控制权转移的样本从2006年开始出现,但数量较少,若考虑数据缺失的情况,市场化的竞价并购方式导致上市公司控制权转移的情况比例是在逐步增加。控制权通过协议转让的样本数量逐步减少。综合以上两种情况可以发现,在市场即将进入全流通的过渡期,控制权转移的总体样本在减少,说明一方面协议转让非流通股的现实基础在逐步消失,而另一方面大规模市场化控制权转移的制度基础可能还不具备。

表4-3 非流通股协议转让股权交易样本的描述性统计

样本的统计描述	每股净资产(元)	每股转让价格(元)	变更前控股股东持股比例(%)	变更后控股股东持股比例(%)	交易股份占总股份的比例(%)
均值	2.202111	2.92967	34.42751	29.59867	26.26855
标准差	1.276473	2.005412	15.31871	11.47736	13.28101
中值	1.97	2.5385	29.85	28.69	26.26
最大值	9.2	19.16	84.97	74.69	74.69
最小值	0.016	0.13	6.17	8.11	1.85
样本数	480	480	480	480	480

从表4-3可以看出,非流通股控制权交易所涉及的股权比例是比较大的,均值达到了26.26855%,这也反映了我国上市公司股权集中情况下控制权转移的特点。所选样本的统计数据无论是均值还是极值,上市公司控制权转移导致控股股东持股比例降低了,这与第四章中的对我国上市公司股权集中度的研究结论是相符的。

表4-4 具有流通权股份协议转让股权交易样本的描述性统计

样本的统计描述	每股转让价格(元)	转让公告次日每股交易价格(元)	变更前控股股东持股比例(%)	变更后控股股东持股比例(%)	交易股份占总股份的比例(%)
均值	7.2401	8.63	26.31431	25.69277	21.90113
标准差	7.11835	5.590017	12.37431	12.47567	12.23726
中值	5.4944	7.89	24.8	21.45	20.68
最大值	40.22	32.01	55	57.36	55
最小值	1.32	2.26	8.63	8.631	5
样本数	29	29	29	29	29

从表4-4可以看出一个明显的特点,即股权分置改革后具有流通权的股份采用协议转让方式进行控制权转换的股权交易样本中,转让公告次日每股交易价格的均值要大于每股转让价格,并且,29个此类样本中绝大部分公告次日每股交易价格大于每股转让价格。这是否可以说明该类样本涉及的上市公司的控制权私人收益水平低或不存在控制权私人收益,即控股股东对中小股东的掠夺水平低。笔者认为不能下这样的结论,原因如下:笔者在查阅该类样本公司的股改公告时,此类股权的转让方案及价格基本上是在股权改革方案确定过程中就已经安排完毕,股权转让价格的确定所要考虑的因素比较复杂,既不同于非流通股的定价,因为在可预见的将来即将获得流通权,也不同于正常流通股的定价,因为涉及股改的一系列安排,获得流通权还需要一定条件和时间。笔者在计算此类样本控制权私人收益时,综合考虑两类因素,即把控制权私人收益的比较基础确定为净资产和转让公告发布次日每股交易价格的均值。

表4—5 对具有流通权股份协议转让交易样本做上述处理后的描述性统计

样本的统计描述	每股转让价格(元)	净资产与转让公告次日每股交易价格的均值(元)	变更前控股股东持股比例(%)	变更后控股股东持股比例(%)	交易股份占总股份的比例(%)
均值	7.2401	5.453759	26.31431	25.69277	21.90113
标准差	7.11835	2.950868	12.37431	12.47567	12.23726
中值	5.4944	4.83	24.8	21.45	20.68
最大值	40.22	17.1945	55	57.36	55
最小值	1.32	1.3	8.63	8.631	5
样本数	29	29	29	29	29

如表4—5所示,对股权分置改革后具有流通权的股份采用协议转让方式进行控制权转换的交易样本做出上述处理后,每股转让价格大于净资产与转让公告次日每股交易价格的均值,说明我国股票市场上存在控股股东的上市公司控制权私人收益的存在,这也符合我们对现实的观察和预判。

表4—6 竞价并购股权交易样本的基本情况统计

	均值	标准差	中值	最大值	最小值	样本数
第一次公告次日每股收盘价(元)	10.97444	6.498161	8.1	20.9	2.77	9
控制权交易每股转让价(元)	10.07578	6.036394	7.5	21.66	2.94	9
变更前控股股东持股比例(%)	22.13	20.22025	14.96	77.89	8.02	9
变更后控股股东持股比例(%)	21.64889	19.93027	15.16	76.66	8.06	9
交易股份占总股份的比例(%)	1.56667	0.947535	1.05	2.97	0.17	9

从表4—6可以看出,通过二级市场增减持(竞价并购)方式改变上市公司控制权的有效样本数很小,只有9个,如果单

独用其计算整个市场的控制权私人收益水平显然是不可行的,因为其不具备代表性。但是,如果把协议转让和竞价并购方式产生的控制权转移样本联合计算则是必要的,二者的区别只是控制权溢价计算的比较基础不同而已。如果不考虑后者则会减少样本数。另外可以发现,通过竞价并购方式导致控制权转移所涉及的股权比例与协议转让相比很小,均值只有1.5667%,这可能有两方面的原因:一是股权改革后上市公司流通股比例增加,部分公司股权集中度下降,较小比例的股权变动即可导致控制权转移;二是现阶段对竞价并购的有关规定,即任何法人直接或间接持有一家上市公司发行在外5%股份时应作出公告,以后每增加或减少2%的股份,需要再次公告,对样本观察可以看出,导致上市公司的控制权变动的全部样本的股权交易比例均没有超过5%的比例。

五、我国上市公司控制权私人收益水平的测算结果

笔者计算的控制权私人收益水平是考虑了股权转让比例的测算结果,使用的计算公式是上文中笔者提出的 $PBC = \dfrac{\alpha(P_A - P_B)}{P_B}$。表 4-7 是从时间序列和全样本角度对我国 1997~2010 年上市公司控制权私人收益测算的结果:

表 4-7 中国上市公司控制权私人收益:1997~2010

年份	均值	标准差	中值	最大值	最小值	样本数
1997	0.080615	0.146221	0.051199	0.457671	-0.1759	23
1998	0.081499	0.201703	0.018803	0.871641	-0.11201	40
1999	0.08148	0.156498	0.02856	0.775374	-0.104822	46
2000	0.148228	0.46624	0.019901	3.065799	-0.13467	49

续前表

2001	0.393077	1.51534	0.03246	10.33329	−0.12657	58
2002	0.046714	0.142541	0.017818	0.655393	−0.24574	59
2003	0.20621	0.66773	0.023443	3.932571	−0.17489	55
2004	0.197792	0.359986	0.053058	1.338885	−0.05902	24
2005	0.117137	0.251	0.052844	1.5444	−0.04597	41
2006	0.366915	0.991341	0.058626	4.747926	−0.2119	45
2007	0.311177	0.684375	0.075681	2.531815	−0.33288	20
2008	0.231097	0.323743	0.08284	0.972256	−0.18293	21
2009	0.180275	0.391594	0.071027	1.596331	−0.25841	23
2010	0.107234	0.209075	0.034916	0.800766	−0.0116	14
全样本	0.18561	0.6811	0.03418	10.3332	−0.3328	518

观察表4—7对我国上市公司控制权私人收益的测算结果,可以发现控制权私人收益均值的变化可明显划分为三个阶段:第一阶段,1997年至2001年,在1997年至1999年变化比较平稳,基本在8%多一点,但2000年到2001年数值急速上升,并在2001年达到峰值;第二阶段,2002年至2005年,2002年与2001年相比,数值突然降低,在2003年至2005年之间数据在10%~20%间波动,并逐步下降;第三阶段,2006年至2010年,2006年和2007年,控制权私人收益的均值突然高达30%以上,从2006年开始控制权私人收益的均值逐步下降,到2010年已经降低到10%左右。

如何解释我国上市公司控制权私人收益水平这种阶段性明显的变化特征?笔者认为,首先,应从我国控制权市场发展的制度背景考察这种控制权私人收益阶段变化特征的原因;其次,从实际数据的实证分析角度考察是何种因素以及在多大程度上解释控制权私人收益的变化,并最终落脚到本书分析的主体,即投资者法律保护程度对我国上市公司控制权私人收益的影响程度。

在本节,笔者首先试图从我国控制权市场发展的制度背景的变化解释控制权私人收益水平这种阶段性明显的变化特征:第一,1997～2001年是我国控制权市场的第一个快速发展时期(这也是本书计算控制权私人收益从1997年开始的原因),当时我国宏观经济环境较为困难,为了促进经营困难的国有控股上市公司的发展,国家出台了许多政策措施,鼓励国有控股上市公司的并购重组。因而,该时期以协议收购、强强联合、借"壳"上市、区域性重组为特征的资产重组数量和规模大幅度提升,并在2001年达到高潮,这从表4—7在1997年至2001年完成控制权转移的样本数也可以得到说明。但是,这种资产重组在2000年以前以网络、高科技为主要领域,而2000年和2001年却主要对绩差上市公司进行,并且"报表重组"盛行,资产重组极为混乱,人为压低净资产、操纵股价等行为不时见诸报端。因而,笔者认为,2000年至2001年控制权私人收益的高企正是该时期这种混乱无序的资产重组的具体反映。第二,2002年至2005年是我国控制权市场规范发展的阶段。针对2000年和2001年在资产重组和企业并购中的乱象,2001年底颁布实施了《关于上市公司重大购买、出售、置换资产若干问题的通知》以及《上市公司股东持股变动信息披露管理办法》,2002年,《上市公司收购管理办法》及《关于向外商转让上市国内公司国有股和法人股有关问题的通知》先后颁布实施,这些规范性文件是对1999年《证券法》关于上市公司并购有关条文的具体细化,更具可操作性,效果也更明显。这一系列政策法规的出台,规范了上市公司的并购重组行为,实质性公司并购重组开始增加。因此,笔者认为该阶段的控制权私人收益水平的变化与上述上市公司并购重组的重大制度变更密切相关。第三,2005年6月开始试点的股权分置改革是我国股票市场制度的重大变革,该时期开始的前两年,即 2005 年和 2006 年,控制权转移样本增加,分别达到 41 个和 45 个。这意味着上市公司设计股改方案时,控股股东转移股权的事件增加。由于在股改时涉及非流通股东向流通股股东支付对价获取流通权的博弈过程,此时股权转移的定价较复杂,控制权私人收益水平明显高企。随着 2007 年以后股权改革的基本完成及相关管理措施的完善,控制权私人收益水平明显下降并逐年降低。

六、控制权私人收益水平的国际(或地区间)比较

对我国上市公司控制权私人收益水平进行国际(或地区间)比较是为了说明就国别而言其是否与投资者法律保护水平相对应。在对控制权私人收益水平进行国际(或地区间)比较时,相关学者①大多参考 Dyck 和 Zingales(2004)的研究结论。他们选取 1990~2000 年 39 个国家的 412 个控制权转移样本测算了相关国家的控制权私人收益水平。其计算方法和本书的类似,控制权溢价的分子是控制权交易的每股交易价格与公告次日二级市场的每股交易价格之差,分母是公告次日二级市场的每股交易价格,计算控制权私人收益水平时用交易样本公司控制权交易股份占总股份的比例为权数。本书只是在选择控制权溢价水平的比较基础时考虑了我国股权分置的特殊情况。因而本书对控制权私人收益的测算结果与 Dyck 和 Zingales(2004)的研究结果存在可比性。Dyck 和 Zingales

---

① 施东晖:《上市公司控制权价值的实证研究》[J],《经济科学》,2003 年第 6 期;周世成:《上市公司控制权私利、公司效率与金融发展》[M],厦门大学出版社,2010 年版。

(2004) 的部分测算结果见表 4—8：

表 4—8 控制权私人收益水平的国别(或地区)间比较

国家或地区	均值(单位:%)	中值(单位:%)	样本数(单位:个)
阿根廷	27	12	5
澳大利亚	2	1	12
奥地利	38	38	2
巴西	65	49	11
加拿大	1	1	4
智利	18	15	7
哥伦比亚	27	15	5
捷克	58	35	6
丹麦	8	4	5
埃及	4	4	2
芬兰	2	1	14
法国	2	1	4
德国	10	11	17
中国香港	0	2	8
印度尼西亚	7	7	2
以色列	27	21	9
意大利	37	16	8
日本	—4	—1	21
马来西亚	7	5	40
墨西哥	34	47	5
荷兰	2	3	5
新西兰	3	4	16
挪威	1	1	12
秘鲁	14	17	3
菲律宾	13	8	15
波兰	13	12	4
葡萄牙	20	20	2
新加坡	3	3	4
南非	2	0	4
韩国	16	17	6
西班牙	4	2	5
瑞典	7	3	11

续前表

瑞士	6	7	8
中国台湾	0	0	3
泰国	12	7	12
土耳其	37	11	5
英国	1	0	41
美国	1	2	46
委内瑞拉	27	28	4
平均(总数)	14	11	393
中国	18.561	3.418	518

资料来源：Dyck and Zingales. 2004, Private Benefits of Control: An International Comparison[J], Journal of Finance.

从表4－8可以看出，笔者计算的我国上市公司控制权私人收益水平18.561%与发达国家或地区（尤其是实行普通法系的英美等国）相比是很高的；但与发展中国家或转轨经济国家（如巴西、捷克、委内瑞拉、土耳其等）相比，我国上市公司的控制权私人收益水平不是很高。但是，还有一个值得注意的特点，我国上市公司控制权私人收益水平的中值较低，只有3.418%，这说明在上市公司控制权转移样本中，控股股东严重侵害中小投资者利益的现象较为集中，即控股股东掠夺控制权私人收益现象和程度的分布并不均匀，投资者法律保护对严重的侵夺现象的控制并不成功。

另外，Dyck和Zingales(2004)在计算出各国上市公司控制权私人收益水平后，主要从投资者法律保护的角度分析了其影响因素，结论与LLSV相同，即投资者法律保护程度越高则控制权私人收益水平越低。他们还从法律渊源的角度考察了不同法系国家控制权私人收益水平的差异：根据投资者法律保护程度从高到低的顺序将39个国家分成五类法系（见表4－9）：斯堪的纳维亚法系、英美法系、德国法系、法国法系以及苏维埃法系。结果显示,属于普通法系的斯堪的纳维亚法系和英美法系国家的投资者法律保护水平较高,控制权私人收益水平较低;介于普通法系和大陆法系之间的德国法系国家的投资者法律保护水平和控制权私人收益水平居中;而属于大陆法系的法国法系和苏维埃法系国家的投资者法律保护水平相对较低及控制权私人收益水平相对较高。

表4—9 不同法系国家或地区控制权私人收益水平的比较

法系	控制权私人收益均值 (单位:%)	国家或地区数 (单位:个)
斯堪的纳维亚法系	4.8	4
英美法系	5.5	11
德国法系	10.9	6
法国法系	21.2	16
苏维埃法系	35.6	2

资料来源:Dyck and Zingales. 2004,Private Benefits of control:An Intemational Comparison[J],Journal of Finance.

笔者测算出我国上市公司控制权私人收益水平为18.561%,与我国属于大陆法系的投资者法律保护状况基本相当。

通过以上的比较分析,可以得出以下结论:我国上市公司控制权私人收益水平高于发达国家或地区,与发展中国家或转轨经济国家相当。我国上市公司控股股东严重侵害中小投资者利益的现象较为集中。我国上市公司控制权私人收益水平与我国属于大陆法系的投资者法律保护状况基本相当。

第四节 上市公司控制权私人收益与投资者法律保护关系的实证检验

一、影响上市公司控制权私人收益的因素

证实上市公司控制权私人收益的存在并测算其水平,可以说明上市公司代理成本的类别和程度。但是,对控制权私人收益的研究不能到此为止,接下来应该分析和探讨影响控制权私人收益的因素。只有明确了哪些因素和变量决定控股股东对中小股东利益侵占行为的发生及程度,才能提出有针对性的抑制控制权私人收益、提高公司价值并促进股票市场的发展的对策建议。本书研究的主线是探讨投资者法律保护与股票市场发展的关系,因而在进行定量分析时将把我国投资者法律保护的程度作为上市公司控制权私人收益的主要解释变量。对控制权私人收益与其他影响因素关系的度量与刻画可以明确投资者法律保护的着力点。

纵观相关学者对控制权私人收益影响因素的研究文献,研究视角可分国家层面的投资者法律保护、行业特征、公司特征、公司治理结构等。从不同角度分析控制权私人收益的影响因素和相关学者的研究侧重点有关,全面梳理此类文献有助于更好地设计我国控制权私人收益实证分析模型。

(一) 投资者法律保护

自从 20 世纪 90 年代 LLSV 开创性的提出"法与金融"理论以来,理论界在探讨各国股票市场发展的影响因素时,就特别重视投资者法律保护的重要性,相关学者通过理论模型的构建和实证研究,从多个角度阐述了此观点。

LLSV(1997,1998,2000,2002)有关"法与金融"的系列研究,特别是对股票市场发展的跨国比较研究表明,投资者法律保护程度的差异是各国股票市场发展水平不同的重要原因。投资者法律保护水平低,则上市公司股权结构集中,控股股东侵占中小股东利益、攫取控制权私人收益的水平就高,公司价值就低,从而阻碍股票市场的发展;法律对投资者保护程度越高,上市公司股权分散,则控制权私人收益水平越低,公司价值就高,从而有利于股票市场发展。上述研究结论成为后续学者分析此类问题的重要共识。

Bebchuk(1999)在研究上市公司控制权私人收益与所有权集中程度的关系时提出了有关公司所有权结构的护租理论。他认为控股股东攫取的控制权私人收益本质上是对公司其他非控股的中小投资者利益的剥夺,国家只有提高法律对投资者利益的保护才能抑制控制权私人收益,换句话说即投资者法律保护是控制权私人收益的重要影响因素。

Coffee(2001)在实证研究投资者法律保护与上市公司私人收益的关系时,发现在一些投资者法律保护水平较低国家的上市公司控制权私人收益的水平也比较低(如按照 LLSV 对法系分类属于斯堪的纳维亚法系的挪威、瑞典、丹麦等国),而一些投资者法律保护程度较低国家的上市公司控制权私人收益(如俄罗斯、墨西哥、巴西等国)的水平较高。进一步研究发现,这两类国家以犯罪率高低衡量的社会规范程度存在明显差异,前者社会规范程度较好、犯罪率较低,而后者正好相反。这就说明在衡量投资者保护程度时,不仅仅成文法、法律的执行效率是重要的考虑因素,公司利益相关者遵纪守法的社会行为基础也有很重要的作用。

Nenova(2003)在用实证方法考察国别控制权私人收益的差别时发现,一个国家的法律结构对上市公司控股股东侵占中小投资者利益、攫取控制权私人收益有决定性影响。他首先建立了一整套法律对中小投资者保护的度量指标,其中包括法律环境、公司并购规则、公司章程条款、类别股份之间的价值差异、控制权的竞争程度和持有或融资购买股份的成本、税率和注册成本等。他选取了18个国家1997年有差别股份的661个样本公司,实际计量了投票权价值和控制权私人收益。研究结论表明,上市公司控股股东的控制权私人收益占公司价值的比例在不同国家的差异很大,在斯堪的纳维亚法系和普通法系国家,投资者法律保护程度高,控制权私人收益的价值均值大都在10%以下,丹麦甚至接近零;而韩国、法国、巴西、智利、墨西哥等属于大陆法系的国家,其投资者法律保护相对较弱,控制权私人收益的水平普遍较高,巴西上市公司控股股东攫取的控制权私人收益为21%,墨西哥甚至达到50%。通过回归分析,研究发现各国上市公司控制权私人收益之间的系统差异的70%以上可以由法律对中小投资者的法律保护程度的差异来解释。Nenova指出,投资者法律保护条款和控制权转移规则对抑制控制权溢价很大,但司法和监管部门的执行力度和执行效率更为关键。

Dyck和Zingales(2004)使用加入了市场竞争程度的大宗股权交易溢价方法对39个国家的控制权私人利益的水平进行

了计量,发现投资者法律保护制度和其控制权私人收益的水平呈现明显的负相关关系。

Doidge(2004)验证投资者法律保护与控制权私人收益相互关系的视角比较独特,他选取的非美国公司样本分为两组:一组在美国上市,处在投资者法律保护程度较高的外部治理环境中;一组在本国股票市场上市,投资者法律保护程度较低。样本公司都发行差别股权的股票。通过对1994~2001年来自20个国家的754个样本的实证研究发现,在美国上市的公司投票权溢价相对于未在美国上市的公司平均低43%。以投票权溢价度量的控制权私人收益高与该公司所在国的投资者法律保护程度高度相关,而在美国上市之所以控制权私人收益低是由于美国投资者法律保护程度高。

我国学者陈炜、孔翔、许年行(2008)等也对投资者法律保护与上市公司控制权私人收益之间的关系作了初步研究。

从上述国外学者对投资者法律保护因素对控制权私人收益影响的研究中可以发现,除理论推演外,由于研究的角度基本上是同一时期的国别比较,所以采用的数据是同一时期不同国家控制权私人收益及投资者法律保护的横截面数据,主要目的在于解释不同国家投资者法律体系差异对控制权私人收益的不同影响,而缺乏时间序列数据和对一个国家投资者法律保护因素影响效果的说明。

(二) 行业特征

Demsetz和Lehn(1985)以及Nickell、Nicolitsas和Dryden(1997)较早开展了行业特征与上市公司控制权私人收益关系的研究,只是他们研究的关注点存在差异。Demsetz和Lehn(1985)指出不同行业控制权私人收益水平不同;而Nickell、

Nicolitsas 和 Dryden(1997)按竞争程度的差异考察了控制权私人收益的发生状况,指出行业的竞争程度与控股股东获取的控制权私人收益呈反向变化关系。对于行业的竞争程度与控股股东获取的控制权私人收益呈反向变化的关系,Dyck 和 Zingales(2004)的跨国研究也得出了相同的结论。

另外,Hanouna、Sarin 和 Shapiro(2002)在国别比较研究中指出控制权转移的目标企业为化工行业时控制权私人收益水平高;Dyck 和 Zingales(2004)的国别研究指出:批发业、金融业、运输业以及公共服务业的控制权私人收益水平高于制造业。

(三) 公司特征

Jensen(1986)在讨论上市公司代理成本时特别关注了自由现金流对控制权私人收益的影响。其研究结论是公司自由现金流数量大,将诱使控股股东和管理者过度投资,从而导致公司代理成本及控制权的私有收益水平高企。

Barclay 和 Holderness(1989)讨论了公司规模与公司控制权私人收益的关系。在实证研究中,以企业总资产代表企业规模、实证研究结论表明企业规模与公司控股股东的控制权私人收益水平正相关。他们在此结论的基础上进行了进一步的推论:按照资产负债表的结构,企业总资产对应的结构项目主要是公司债务融资和净资产,因而公司控制权私人收益应该与公司负债水平以及公司的净收益的变化方向相同;但是,公司债务与控制权私人收益变化方向是不确定的,一方面上述研究证明二者同向变化,另一方面公司债务还本付息的硬约束会降低控制权私人收益水平。他们的实证结论也证明了控股股东控制权私人收益与公司债务水平不确定的变化关系以及控制权私人收益与公司的净收益显著正相关的关系。

Zingales(1995)与 Nenova(2003)关注了上市公司不同股份流动性差异对控股股东控制权私人收益的影响,但研究结论正好相反,前者得出否定结论,而后者得出了肯定结论并指出不同股份的流动性差异与控制权私人收益负相关。Doidge(2004)对上述学者的实证研究结论的差异进行了理论推导:一般情况下,低投票权股份比高投票权股份流动性更强,则具有高流动性的股份投票权小,其股东对公司的控制较弱,获取控制权私人收益的能力和机会自然就小,那么股份流动性与控制权私人收益的关系就应当是负相关的,即股份的流动性越大,控制权私人收益越低,但 Doidge(2004)随后的实证结果表明股份的流动性差异与控制权私人收益呈现不显著的正相关关系。但是,上述学者关于股份流动性与控制权私人收益的研究并不适应我国上市公司的研究,原因是我国股票市场中上市公司股份的流动性差异不是由投票权不同造成的,而是行政安排的结果即股权分置制度造成的,换句话说,流动性的差异并不是投票权的不同造成的,而是制度设计的结果。但这并不意味着考察我国上市公司控制权私人收益水平影响因素时可以不关注股份流动性的差异,实践表明我国股权分置状况下流通股和非流通股的差异对控制权私人收益的影响是巨大的。此外,Doidge(2004)也实证分析了公司规模与控制权私人收益的关系,结果表明二者呈负相关关系。

Stulz(1999)和 Coffee(1999,2002)关注了控制权私人收益水平与企业未来项目的获利预期的关系,认为控股股东攫取控制权私人收益的概率取决于其在所能攫取的控制权私人收益水平和公司未来盈利预期之间比较的结果,当后者大于前者时,控制权私人收益的水平低。

另外,Nicodano 和 Sembenelli(2004)在研究公司规模、财务杠杆等因素与控制权私人收益之间关系时得出了与 Barclay 和 Holderness(1989)相同的结论。

综上所述,相关学者在分析控制权私人收益在公司特征方面的影响因素时,主要考察的因素有代理成本的替代变量即公司自由现金流、以公司总资产代表的公司规模及债务水平、公司净收益等衍生变量、公司股份的流动性差异、公司投资项目未来盈利预期等。

(四)股权结构、股权集中度、控制权与所有权的分离度等公司治理结构特征

Morck、Shleifer 和 Vishny(1988)在较早的理论研究中,指出了控股股东控制权私利的水平与公司的所有权安排之间存在相应关系。

Barclay 和 Holderness(1989)在构建控制权私人收益的计算公式及随后相关学者采用其思路计算控制权私人收益水平时充分考虑了控制权转让比例的影响,笔者的控制权私人收益计算公式也体现了该思路。

Edwards 和 Weichenrieder(1999)对上市公司股权结构、控制权私人收益与公司价值之间关系进行了研究,指出控股股东拥有的所有权比例提高可使控制权私人收益水平降低,提高公司效率。此外,他们还分析了非控股股东对控股股东的制约作用,但没得出清晰的结论。

Claessens、Djankov、Fan 和 Lang(2002)对 8 个东亚国家 1301 个上市公司样本进行研究时,得出了控股股东现金流权的增加将对公司市净率产生激励效应,而两权分离度的增加将产生侵害效应,间接说明了控股股东现金流权、两权分离度与控制权私人收益之间的关系。

Bai 等(2002)在实证分析控制权私人收益影响因素时,指出控股股东的持股比例、第二大股东至第十大股东持股比例与控制权私人收益存在正相关关系,但没有明确指出控股股东控制权与现金流权分离度对控制权私利的影响。

LLSV(2002)建立了投资者法律保护、存在控股股东的股权结构和公司价值之间相互关系的理论模型,指出现金流权与控制权私人收益的反向关系。本书第二章的分析指出,他们虽然在分析的假定条件中指出了两权分离度对控制权私人收益的正向作用,但并没有将其纳入模型的分析框架。笔者在第二章分析中建立的模型推导出了两权分离度与控制权私人收益的正向关系的结论。

Lemmon 和 Lins(2003)实证研究了1997年东亚金融危机时8个国家800个样本,明确指出了控股股东控制权与现金流权分离度提高将加剧控股股东对控制权私利的追求。

Holmen 和 Hogfeldt(2004)在对瑞典229个上市公司样本的实证研究中,讨论了上市公司股权结构、控股股东控制权私人收益与而投资者法律保护的关系,指出了公司股权结构与控股股东控制权私人收益之间存在着相关关系。

Nicodano 和 Sembenelli(2004)考察了上市公司所有权安排与控制权私人收益之间关系,指出了公司的股权分布状况对控制权私人收益水平的影响。

Doidge(2004)在实证研究非美国本土公司在美国上市的745个样本公司控制权私人收益水平时,指出所有权集中程度与投票权溢价之间的反向关系。

综上所述,上述学者在分析控制权私人收益在公司治理结构特征方面的影响因素时,主要考察的因素有控制权转让比例、控股股东所有权即现金流权比例、两权分离度等因素。

(五) 国内学者对控制权私人收益影响因素的研究

我国相关学者对上市公司控制权私人收益影响因素的研究主要从实证角度进行,虽然由于他们计算控制权私人收益的方法不同、样本的选取时间及筛选条件有差异,实证结果的可比性不高,但可以从解释变量的选择方面进行比较和参考。有代表性的文献如下:

唐宗明和蒋位(2002)实证研究表明我国上市公司控制权私人收益与公司规模的负相关关系,而与公司债务、公司收益水平、自由现金水平的关系不显著。

叶康涛(2003)的分析表明我国上市公司控股股东控制力与控制权私人收益水平的正向关系,公司股权流动性差异造成不同的控制权私人收益水平。

韩德宗和叶春华(2004)实证分析了我国上市公司控制权私人收益与公司总资产、上市公司流通股比例之间的负相关关系。

林朝南(2007)对我国上市公司控制权私人收益影响因素实证研究从行业特征、公司特征及公司内部治理三方面进行。结果表明:行业特征影响明显;公司特征因素对控制权私利的解释力有限;对公司内部治理的研究主要从所有权的控制方式入手,结果证明了中央所属上市公司的控制权私人收益低于地方所属上市公司控制权私人收益等结论。

从上面的分析可以发现,我国学者对上市公司控制权私人收益影响因素的研究涉及了行业特征、公司特征、公司治理等方面,但分析的着重点不同。更主要的是缺少对重要的投资者法律保护因素的研究,而这一重要的制度因素在国外的研究中已经被普遍证明对上市公司控制权私人收益及公司价值和股票市场发展有重要影响。另外，可能由于数据的缺乏，相关的实证研究也很少涉及两权分离度的影响。

二、控制权私人收益影响因素的实证分析

(一) 模型设计及变量选择

笔者在综合考虑国内外学者对控制权私人收益影响因素研究的基础上，构建我国控制权私人收益的分析模型，重点研究我国投资者法律保护对控制权私人收益的影响。模型的被解释变量为笔者在上文中计算的控制权私人收益水平 BPC，解释变量主要分为：法律变量 Law，即投资者法律保护水平，采用本书在第二章的研究结论；其他变量，主要包括行业特征、公司特征及公司治理特征，相关财务数据来源于国泰安《中国上市公司年报财务数据库》以及《中国上市公司财务指标数据库》，部分财务数据来源于上市公司各年年报。由于上文在直接观察我国控制权私人收益水平的测算结果时发现其变化趋势有三个明显的阶段，并结合我国控制权市场发展的制度背景分析了其呈现阶段变化特征的原因，因而实证分析也分三阶段进行。

模型的具体设计如下：

$$BPC = \beta_0 + \beta_1 Law_i + \sum \beta_i X_i + \varepsilon_i \qquad (4-10)$$

其中，Law 即本文界定的投资者法律保护程度变量，X_i 为一组影响控制权私人收益的变量，模型中具体的变量含义及取值方法见表 4—10。

表 4—10　相关变量的含义及其取值

变量名称	符号	变量含义及取值
控制权私人收益	BPC	依据笔者在本章第三节中的界定
投资者法律保护水平	Law	依据笔者在第二章中的界定
控制权转让比例	RC	控制权转让股份占总股份的比例
代理成本替代变量（自由资金）	CP	货币资金加短期投资之和与总资产的比例（年末数据）
转让股权性质	TS	转让股份为国家股取 1,否则取 0
控股股东股权集中度	FIRST	控制权转移后第一大股东持股比例
两权分离度	SOC	控制权与所有权之间的差值（年末数据）
净资产收益率	ROE	上一年度净资产收益率（年末数据），代表资产的盈利能力
负债率	LEV	交易当年年末资产负债率
总市值对数	log(SIZE)	上一年度公司总市值（年末数据）的对数
流通股比例	RL	交易发生时流通股占总股份比例
每股收益	EPS	上一年度的每股收益（年末数据）
行业（哑变量）	IND	公司所在行业,使用证监会《行业分类指引》,哑变量的设置以制造业为基准。

（二）回归分析的结果

本书使用 Eviews 5.0 计算软件进行回归分析,从全样本的检验结果可以发现,投资者法律保护变量的回归系数为－0.007,并且在 10% 统计水平上显著,即我国投资者的法律保护程度与上市公司控股股东的控制权私人收益水平呈现显著的负相关关系。这证实了本书在第一章提出的第三个研究假设,即我国的投资者法律保护程度越高,控股股东攫取的控制权私人收益水平越低,上市公司的代理成本越低。

表4—11 控制权私人收益影响因素实证检验结果

变量	全样本 (1997~2010)		快速发展阶段 (1997~2001)		规范发展阶段 (2002~2005)		成熟阶段 (2006~2010)	
	系数	t值	系数	t值	系数	t值	系数	t值
C	0.477	0.771	0.859	1.474	−0.898	−0.61	−0.739	−0.422
Law	−0.007 *	−1.662	−0.028	−1.132	−0.325 *	−1.802	−0.025 ***	−2.868
RC	−0.361 **	−2.24	−0.699 **	−2.005	0.046	0.69	0.030	0.134
CP	0.011	0.305	−0.054	−1.105	0.052	0.913	0.084	1.134
TS	0.035	0.671	0.053	0.489	0.002 **	2.299	0.060	0.878
FIRST	0.002 **	2.434	0.000	0.151	0.011 ***	4.531	0.002	1.458
SOC	0.0178	1.006	0.119	0.533	0.132	1.468	0.061	0.501
ROE	0.012 ***	5.04	−0.919 ***	−5.054	0.001	1.453	0.010 ***	4.116
LEV	0.001 *	1.722	−0.043	−0.693	0	1.373	0.001	1.180
log(SIZE)	−0.017	−0.624	0.000	1.834	0.044	0.673	0.036	0.456
RL	0.151	0.87	−0.019	−0.747	0.09	0.469	−0.016	−0.069
EPS	−0.512 ***	−8.494	0.183	0.481	−0.461 ***	−6.976	−0.364 ***	−4.950
IND	−0.136	−1.209	−0.892 ***	−5.7397	−0.14	−1.13	−0.160	−1.128
D.W.	1.882		2.061		1.841		1.889	
调整 R^2	0.086		0.391		0.074		0.068	
F	7.909		6.783		6.063		4.193	
Prob>F	0		0		0		0	

注:***、**、*分别表示模型的回归系数在1%、5%和10%的置信水平下是显著的。

由于上文提到的原因,本文对上市公司控制权私人收益的影响因素分阶段进行了实证分析,分析结果见表4—11:

(1)快速发展阶段。在1997~2001年控制权市场和控制权交易的快速发展阶段,投资者法律保护变量的回归系数为−0.028,但不显著,说明作为重要外部治理约束力量的投资者法律保护对控股股东侵占中小股东利益的作用不明显。其原因如上文所述,该时期资产重组盛行,且主要对绩差上市公司进行,资产重组极为混乱,人为压低净资产、操纵股价等行为屡禁不止,外部中小投资者法律保护的立法水平还比较低,侵占股东利益的私人诉讼还没提上议事日程,公共执法的水平较低。

(2)规范发展阶段。在2002～2005年控制权市场和控制权交易的规范发展阶段,投资者法律保护变量的回归系数为-0.325,且在10%统计水平上显著为负(t=-1.802),说明该时期我国投资者法律保护对控股股东侵占中小股东利益的作用明显,二者呈显著的负相关关系。笔者认为,这主要得益于该时期《关于上市公司重大购买、出售、置换资产若干问题的通知》、《上市公司股东持股变动信息披露管理办法》、《上市公司收购管理办法》、《关于向外商转让上市国内公司国有股和法人股有关问题的通知》等一系列投资者法律保护法律法规的先后颁布实施,强化了《证券法》中关于股东利益保护有关条文的实施效果。这一系列政策法规的出台,规范了上市公司的并购重组行为,对控股股东掠夺控制权私人收益的行为起到了一定的约束作用。

(3)成熟阶段。在2006～2010年控制权市场和控制权交易的成熟阶段,投资者法律保护变量的回归系数为-0.025,且在1%统计水平上显著为负(t=-2.868),说明该时期我国投资者法律保护对控股股东侵占中小股东利益的作用明显,二者呈显著的负相关关系。该时期我国股票市场发生了股权分置改革的重点制度变革,并伴随投资者法律保护程度的逐步提高,控制权交易的市场化特征逐步显现,控制权私人收益水平逐年下降。

从以上全样本及分阶段的实证分析结果可以看出,随着我国投资者法律保护程度的提高,上市公司控股股东获得控制权私人收益的水平在下降,即上市公司控股股东侵占中小投资者利益的代理成本在逐步降低。这也证实了本书第一章提出的第三个研究假设。

从表4-11来看,无论是全样本还是分阶段的实证检验结果都表明控制权和所有权的分离度指标与控制权私人收益水平呈现同方向变化的关系,但此种变化关系都不显著。因而本书在第一章提出的第四个研究假设没有得到充分验证。李维安和钱先航(2010)在研究两权分离对我国上市公司经理层治理的影响时,发现政治成本和代理成本在共同起作用,虽然二者的总体关系是反向的,但政府拥有控制权的公司中两权分离度的影响无法确定作用方向。这无疑增加了此类问题研究的复杂性。鉴于本书讨论的重点在于投资者法律保护对股票市场发展的影响,故不再对此问题作深入的探讨。

本 章 小 结

本章首先辨析了相关学者关于控制权私人收益含义的相关阐述,明确了其概念。在此基础上,详细介绍和评析了在实际的实证研究中相关学者经常采用的控制权私人收益计量法:控制权溢价方法、大小宗股权交易价差法、投票权溢价方法和ST公司累计超常收益法。根据我国上市公司控制权转移的具体特征,笔者提出了研究我国上市公司控制权私人收益适合使用控制权溢价方法。

为提高测算我国上市公司控制权私人收益的针对性,在第二节全面分析了我国控制权市场的发展历程、在各发展阶段的特征、控制权转让的具体方式以及我国控制权交易的定价等问题。

在实际测算我国上市公司控制权私人收益时,首先全面介绍了我国学者在研究时使用的计算公式和样本选取方法,在分析其共同点和争议的基础上,笔者提出了本书的计算公式,其主要创新是既涵盖了非流通股的转让也包括了流通股的控制权交易。在计算控制权私人收益时,针对股权分置改革后具有流通权的股份采用协议转让方式进行控制权交易的控制权溢价异常问题,在综合考虑相关因素的基础上,笔者首次提出把控制权私人收益的比较基础确定为净资产和转让公告发布次日每股交易价格的均值。控制权私人收益的实际测算结果表明,我国控制权私人收益均值的变化明显呈现三个阶段。国际比较的结果表明,我国上市公司控制权私人收益水平高于发达国家或地区,与发展中国家或转轨经济国家相当。我国上市公司控股股东严重侵害中小投资者利益的现象较为集中。我国上市公司控制权私人收益水平与我国属于大陆法系的投资者法律保护状况基本相当。

本章第四节首先全面回顾了相关学者对控制权私人收益影响因素的研究文献,在此基础上,提出了本书研究控制权私人收益影响因素的实证分析模型,重点分析投资者法律保护对我国上市公司私人收益的影响。实证研究的结果表明,随着我国投资者法律保护程度的提高,上市公司控股股东获得控制权私人收益的水平在下降,这也证实了本书第一章提出的第三个研究假设。另外,实证检验结果还显示控制权和所有权的分离度指标与控制权私人收益水平呈现不显著同方向变化的关系,第四个研究假设没有得到充分验证,说明了该问题研究的复杂性。

第五章　中国投资者法律保护与上市公司价值关系的实证检验

　　第四章的研究结论证明，随着我国投资者法律保护程度的提高，上市公司控股股东攫取的控制权私人收益水平逐步下降，即代理成本在降低，这有助于上市公司质量的提高和股票市场的发展。本书在第一章中构建的投资者法律保护、控制权私人收益与股票市场发展关系的理论模型推导出了一个国家投资者保护水平与上市公司价值正相关的变化关系。一般而言，上市公司价值是反映股票市场发展质量的重要指标，其水平高低可以反映股票市场的发展水平。本章拟用实际数据检验我国投资者法律保护程度的变化与上市公司价值的关系，从另一个直接的角度验证投资者法律保护与股票市场发展的关系。

第一节 相关研究回顾

一、国外学者的研究

较早在理论上对投资者法律保护与上市公司价值关系进行推导的是 Shleifer 和 Wolfenzon(2000),他们构建的模型表明:投资者法律保护水平高的国家,其上市公司的托宾 Q 值,即公司价值就高,股票市场的发展就较快。但是,对投资者法律保护与上市公司价值关系的研究比较经典的分析是 LLSV2002 年在《投资者保护与公司价值》一文中的研究,笔者在上文已经对他们的模型进行了详细的介绍,其结论表明一个国家投资者法律保护程度高,则可以从公司外部约束控股股东对中小股东利益的掠夺,公司价值就高,将促进股票市场的发展;相反,若一个国家的投资者保护法律水平低,外部约束较弱,控股股东攫取中小股东利益的规模和概率就大,公司的价值就低,不利于股票市场的发展。

实证研究方面。LLSV(2002)对 27 个发达国家 539 个样本实证分析了投资者法律保护与公司价值的关系,结果发现,无论是以普通法虚拟变量还是以反董事权利变量衡量的投资者保护程度,投资者法律保护程度与上市公司价值均呈现正相关关系。Doidge(2004)对 1994~2001 年来自 20 个国家的 754 个样本的实证研究发现,在美国上市的非美国本土公司与本国股票市场上市公司相比,公司价值都显著提高,其结论认为,造成这种公司价值差异的原因正是投资者法律保护程度的不同:美国股票市场投资者法律保护程度高,限制了控股股东对其他投资者利益的侵占,促进了公司价值的提高。

二、国内学者的研究

国内的学者对我国投资者法律保护与上市公司价值关系的研究文献较少,研究方法也存在差异。王力军(2007)选取2002～2004年2238家样本上市公司,并将样本公司按照所有权性质和最终控制人类别划分为国有和民营金字塔控制两种主要类别,投资者法律保护变量采用其他学者的分地区法治水平变量数据,研究结论表明:在分地区衡量的法治水平高的地区,该地区上市公司的公司价值水平较高;我国证券监管机构的外部治理作用不明显。另外,研究结论还显示海外上市的民营公司的公司价值明显提高。王鹏(2008)在研究我国投资者法律保护与上市公司价值的关系时,投资者法律保护变量也采用分地区衡量的方法,考虑的因素包括了涉及投资者保护的法律条款及法律执行效率,时间跨度为2001～2004年,样本公司为该时间区间内全部A股上市公司,公司绩效指标采用Tobin q值,研究结论表明:分地区的投资者法律保护程度与所在地上市公司的公司绩效正相关,尤其是国有控股上市公司的这种关系更显著。另外,结论还显示较高的投资者法律保护程度能有效约束控股股东对其他投资者利益的侵占和对上市公司资金的占用。胡海峰、李忠(2009)从时间序列纵向实证分析了我国1992～2007年投资者法律保护与上市公司价值的关系,样本公司为中证100指数样本股,公司价值也采用Tobin q值,投资者法律保护指标主要结合LLSV(1998)的指标体系和沈艺峰等(2004)的度量方法,结论证实了我国投资者法律保护程度与上市公司价值存在显著的正相关关系。

从以上分析可以看出,国内学者在研究我国投资者法律保护与上市公司价值的关系时,投资者法律保护指标的选取不同,公司价值的度量方法基本相同(即使用 Tobin q 值,但具体计量有差异),样本公司的选取方法也不尽相同,但研究结论都证实了我国投资者法律保护程度与上市公司价值存在显著的正相关关系。

本书实证分析我国投资者法律保护程度与上市公司价值时,投资者法律保护程度的数据采用笔者在第三章的研究结果,样本时间区间为 1992~2010 年,样本公司的选择拟采用胡海峰、李忠(2009)的取样方法。

第二节　相关变量的选择及实证分析

由于本书的分析涉及的两类变量中投资者法律保护水平使用第二章的研究结论,故在本节只对上市公司价值的含义及度量进行说明。

一、公司价值的含义及度量

根据国内学者研究的惯例,本书对公司价值的度量也采用 Tobin q 值来代表公司价值。Tobin q 值的含义是公司市场价值对其资产重置成本的比率。其反映一个公司两种不同价值估计的比值,公司市场价值用资本市场上公司的市值来表示,公司市值具体包括公司股票的市值和债务资本的市场价值;公司资产重置成本即所谓的企业"基本价值"——重置成本,具体含义是在考察期内重新建造目标公司所耗费的成本,一般用公司的总资产来衡量。公司市场价值作为资本市场的价格信号,重置成本作为实体经济的价格信号,Tobin q 值概念把作为虚拟经济的资本市场和实体经济联系起来。这种联系最直接地体现在对投资的引导作用上:当 Tobin q 值>1 时,公司的资本市场价格高于重置成本,投资就会增长;反之,当 Tobin q 值<1 时,投资就会减少;当 Tobin q 值=1 时,投资就会均衡。自从 Tobin q 值概念提出以来,由于其计算简便、贴近实际,理论界在考察上市公司价值时一般都把它作为衡量公司价值的指标。

由于我国股票市场上市公司股权结构的特殊性,即在股权分置改革前存在非流通股,而非流通股的市场价值难以计量。我国学者在实际计算 Tobin q 值时结合实际情况对非流通股的市场价值进行了变更处理,丁守海(2006)、陈彦静(2006)、徐炜(2006)、胡海峰(2009)等用非流通股的每股净资产代表非流通股的市场价值,王鹏(2008)把非流通股的市场价值取值为流通股市值 30% 或者 20% 折价,或直接取值为净资产。这种对非流通股的市场价值计算上的处理思路在国内相关学者测算控制权私人收益时也得到了普遍应用。Tobin q 值在股票全流通情况下的计算公式是:Tobin q 值=公司市场价值(公司股票的市值+债务资本的市场价值)/重置成本(总资产),本书采取每股净资产代替非流通股市场价值的一般处理方法,对上市公司 Tobin q 值的计算做如下处理:

存在股权分置情况上市公司的 Tobin q 值的计算公式:

$$Tobin'q = \frac{AP_A + BP_B + L}{GA} \qquad (5-1)$$

在(5-1)式中,A 和 P_A 分别表示所考察公司的流通股的数量及其在考察期二级市场的交易价格;B 和 P_B 分别表示所考察公司的非流通股的数量及其在考察期的每股净资产;L 表示公司总负债;GA 表示公司总资产。

全流通上市公司的 Tobin q 值的计算公式:

$$Tobin'q = \frac{\theta P_A + L}{GA} \qquad (5-2)$$

其中,θ 为上市公司总股数,其他变量与(6-1)式相同。这样,公式(5-2)就和 Tobin q 值＝公司市场价值(公司股票的市值＋债务资本的市场价值)/重置成本(总资产)的一般含义相同。2005年9月《上市公司股权分置改革管理办法》正式实施,股权改革全面展开。但是,具体到每家上市公司股改方案的实施时间不尽相同,并且不同上市公司的非流通股股东获得流通权的条件及过渡期安排也存在差异。本书在第五章计算股改限售股控制权私人收益水平的计算基础时采用控制权变动次日流通股市场价格与每股净资产的均值。但笔者认为在此计算限售股市场价值时不考虑控制权变动事件对估值的影响,限售股的市场价值应获得预期的流动性溢价,故对其 Tobin q 值的计算采用了(5-2)式的计算方法。

二、实证模型的设计及样本选取

(一)回归模型

根据上文分析,模型考察的主要变量关系是时间序列角度投资者法律保护程度 Law 与上市公司的公司价值 Tobin q 之间的动态关系。因而,模型的被解释变量是整个市场的上市公司价值,解释变量是我国的投资者法律保护水平。另外,上市公司价值和公司效率密切相关,所以在进行回归分析时把公司效率指标总资产收益率 ROA 作为控制变量。本书研究的主旨在于解释我国投资者法律保护程度与股票市场发展的关系,考虑我国股市发展的价格水平一般以股票市场指数表示,而沪深股市的价格波动趋势具有一致性和趋同性,考虑计算上的方便,本书以上海证券综合指数(用 Index 表示)作为市场衡量指标,以投资者法律保护水平的变化、上市公司价值解释股票市场发展。回归模型作如下设定:

$$\ln(Q) = \alpha_0 + \alpha_1 Law + \varepsilon \quad (5-3)$$

$$\ln(Q) = \alpha_0 + \alpha_1 law + \alpha_2 \ln(ROA) + \varepsilon \quad (5-4)$$

$$\ln(Index) = \alpha_0 + \alpha_1 \ln(Q) + \alpha_2 law + \alpha_3 \ln(ROA) + \varepsilon \quad (5-5)$$

(二) 样本的选择及变量的计算

(1) Tobin q 值。考虑时间的连续性,以 2010 年底中证 100 指数样本股为基础筛选本书分析的样本股。2006 年以前年份的样本以初始样本股在 1992~2005 年有存续的为样本空间。之所以选择中证 100 样本股为基础代表整个市场的公司价值,是由于中证 100 样本是中证公司动态选择(每年两次)的最能代表沪深股市发展状况的权重公司,其成份股数量适中、成交活跃、流动性好、规模较大,具有广泛的代表性,可以较好地反映整个股票市场上市公司价值的水平。为计算的简便起见,本书没有使用较大样本的取样方法。考虑样本公司的一致性,在中证 100 样本股中剔除以下样本:其一,主要控制人、主营业务发生重要变更的样本;其二,资产重组的样本;其三,2009~2010 年之间上市的样本。对中证 100 指数 2010 年底样本股,进行上述处理后得到 66 只样本股。在分析中以每个年度的 Tobin q 值来代表该年度整个市场的公司价值,实际测算方法如下:公司股票的价格、每股净资产、债务资本的市场价值、总资产等财务数据以年末数据计量,对每个样本公司的公司价值按其在总样本市值中的比例为权数加权计算出代表整个市场的 Tobin q 值。

(2) 总资产收益率。ROA 的数据也以年末数据为准,其计算方法也是每个样本公司的公司价值按其在总样本市值中的比例为权数加权计算。

(3) 投资者法律保护水平 Law。采用本书在第三章中对我国投资者法律保护水平的测算结果。

除投资者法律保护变量为笔者计算所得以外,财务数据来源于 CSMAR 数据库,股票指数的数据来源于上海证券交易所公布的资料。

三、实证检验结果和研究结论

(一) 模型(5-3)的回归分析结果

模型(5-3)的回归分析结果见表 5-1:

表 5-1　中国投资者法律保护与公司价值的回归分析结果:1992～2010
独立变量:LN(Q)

变　量	系　数	标准差	t 统计量	概　率
Law	0.009167	0.003158	2.902860	0.0123
C	0.074615	0.150132	0.496997	0.6275
$R^2 = 0.393277$		法律变量均值 5.135789		
调整后的 $R^2 = 0.346606$		法律变量标准差 5.328792		
对数似然值 2.211025		F 统计量 8.426594		
D.W. = 0.765010		相伴概率(F 统计)0.012340		

回归模型(5-3)用来刻画公司价值关于投资者法律保护的平均变化趋势,属于单变量分析。实证分析结果表明,公司价值与投资者法律保护之间存在显著的正相关关系,其相关系数是 0.009167,t 检验和 F—statistic 检验都比较显著。检验的结论支持了本书的研究假设,即随着我国投资者法律保护程度的提高,上市公司价值及股票市场发展水平提高。但是,检验结果的 R^2 只有 0.393277,即说明两个变量之间的正相关关系存在但不显著。另外,D. W. 检验的值为 0.765010,说明随机误差项存在正的一阶序列自相关。

(二) 模型(5-4)的回归分析结果

模型(5-4)的回归分析结果见表 5-2:

表 5-2 考虑控制变量总资产收益率后
中国投资者法律保护与公司价值的回归分析结果:1992~2010
独立变量:LN(Q)

变量	系 数	标准差	t 统计量	概 率
Law	0.009056	0.003087	2.933607	0.0125
LN (ROA)	0.480033	0.377643	1.271131	0.2278
C	1.348255	1.012656	1.331405	0.2078
R^2 = 0.465277		法律变量均值 5.135789		
调整后的 R^2 = 0.376156		法律变量标准差 5.328792		
对数似然值 3.158442		F 统计量 5.220756		
D. W. = 0.867305		相伴概率(F 统计)0.023376		

模型(5-4)的回归分析加入了控制变量总资产收益率,其原因在于上市公司价值和公司效率密切相关。实证检验的结果表明,投资者法律保护变量与上市公司价值依然显著正相关,但是控制变量总资产收益率与上市公司价值的相关关系并不显著,同时,F 统计的检验结果较好,R^2 的值为 0.465277。在加入控制变量后的模型(5-4)的检验结论表明,投资者法

律保护变量对上市公司价值的解释能力增强,同时,D.W.检验的结果也表明正的自相关还存在。

(三)模型(5-5)的回归分析结果

模型(5-5)的回归分析结果见表5-3:

表5-3 上证综指与中国投资者法律保护的回归分析结果:1992~2010
独立变量:LN(INDEX)

变 量	系 数	标准差	t统计量	概 率
LN(Q)	1.494642	0.206894	7.224182	0.0000
Law	0.009260	0.002899	3.194007	0.0085
LN(ROA)	−0.128933	0.288304	−0.447212	0.6634
C	5.735180	0.777533	7.376122	0.0000
R^2=0.937299		自变量均值 7.194609		
调整后的 R^2=0.920199		自变量标准差 0.556039		
对数似然值 8.807437		F统计量 54.81178		
D.W.=1.740370		相伴概率(F统计)0.000001		

模型(5-5)中,股票市场指数与投资者法律保护变量的半对数方程用于说明前者关于后者的平均增长率,而股票市场指数与上市公司价值、总资产收益率的双对数方程用来说明后二者对前者的影响程度。表5-3的检验结果表明,所选择的股票市场指数指标与投资者法律保护指标、上市公司价值显著正相关,而总资产收益率的相关关系不显著。检验结果表明,股票市场指数INDEX随着投资者法律保护的加强及上市公司价值的提高而增长,公司价值每增加一个百分点,股市指数增加1.494642个百分点。从F检验和 R^2 的值来看,D.W.检验显示模型(5-5)中的随机误差项不存在一阶序列自相关,模型的解释能力得到加强。

从以上实证研究的结论来看,股票市场指数指标与公司价值指标呈现显著的正相关关系,而总资产收益率与其他指标的相关关系不显著。前者的原因是股票市场指数指标与公司价值指标的决定因素都涉及股票的市值。但二者又不完全相同，股票市场指数是股票市值的直接反应，而从公司价值指标的计算公式中可以看出，Tobin q 值的计算除了股票市值外，还与上市公司的总资产和总负债相关。相比较而言，公司价值指标的变化更能反应股票市场的发展状况。而对于总资产收益率与其他指标的相关关系不显著的问题，可能反应了我国经济增长模式是投入导向型的增长。

（四）实证研究的结论

本章研究的主要目的在于检验本书第一章提出的第五个研究假设，即我国投资者法律保护程度和上市公司价值正相关，即随着投资者法律保护程度的提高，股票市场的发展水平越高。从实际的研究结论来看，证实了上文提出的该研究假设。

本章小结

本章首先回顾了国内外学者对投资者法律保护与上市公司价值关系的研究文献。对国外文献的分析主要包括理论模型和实证研究两个方面，国外学者的实证研究大多是静态的跨国比较。国内的学者从时间序列动态地对我国投资者法律保护与上市公司价值关系的研究文献较少，研究方法也存在差异，这主要表现在对投资者法律保护指标的选取上。

对实证研究涉及的两个变量，投资者法律保护指标使用笔者在第二章中测算的结果，对公司价值指标，首先对其含义和计算方法进行了分析。

在实证研究方面,笔者构建了三个回归方程(模型),实证研究的结论表明:随着我国投资者法律保护程度的提高,上市公司的价值及股票市场的发展水平也得到提高。

结论与对策

一、研究结论

本书研究的主题是探讨我国投资者法律保护与股票市场发展的关系,基于投资者法律保护程度不同将导致不同的上市公司股权结构及不同的代理成本、公司价值指标能较好反映股票市场发展水平的认识,本书的分析以控制权私人收益、公司价值为研究的中间变量。本书各部分的研究结论总结如下:

在说明本书分析结构时,笔者在借鉴其他学者研究结论的基础上,构建了投资者法律保护、控制权私人收益、公司价值与股票市场发展之间关系的理论模型。模型分析的结论是:一国的投资者法律保护程度越高,控股股东攫取的控制权私人收益水平越低;控股股东的控制权私人收益与其控制权和现金流权的分离程度呈同方向变化关系;一国投资者法律保护程度和上市公司价值及股票市场发展正相关。

根据笔者提出的我国投资者法律保护指标及赋值方法,1992~2010年我国投资者法律保护程度的测算结果如下:该时期我国投资者法律保护程度按证券立法、证券监管、执行效率及综合得分四方面的测算数据都呈现出随时间的推移不断提高的趋势。但是,比较研究的结论表明,我国股东权利、法律执行效率及法律制度及综合水平仍然较低。

用赫尔芬达指数和 CR 指标衡量的我国上市公司股权结构及股权集中度的研究结论表明:我国上市公司股权集中度基本上呈现逐步下降趋势,只是在 2008～2010 年有小幅度的回升;通过与发达国家和转轨经济国家上市公司的股权集中度相比较,我国上市公司股权集中度较高;我国上市公司非控股股东对控股股东的制衡作用十分微弱。对中国投资者法律保护程度与上市公司股权集中度关系的简单对比表明,我国投资者法律保护程度与上市公司股权集中度呈现反方向的变化关系。

在明确我国投资者法律保护程度较低、上市公司股权集中度较高及控股股东获取控制权私人收益是我国上市公司主要代理成本的基础上,笔者测算了我国上市公司控制权私人收益的水平及其与我国投资者法律保护的关系。本书使用适当的样本选取方法,选择 1997～2010 年通过协议转让方式进行的非流通性股权交易样本 509 个;另外还取得 2006～2010 年通过二级市场流通股增减持方式的样本 9 个,实际测算出我国上市公司控制权私人收益水平的均值为 18.561%。比较研究表明,我国上市公司控制权私人收益水平较高,与我国属于大陆法系的投资者法律保护状况基本相当。另外,我国控制权私人收益水平的变化趋势呈现阶段性的特点,这与投资者法律保护法律法规的实施及控制权市场发展状况有关。对我国上市公司控制权私人收益影响因素的实证研究表明:随着我国投资者法律保护程度的提高,上市公司控股股东获得控制权私人收益的水平在下降;控制权和所有权的分离度指标与控制权私人收益水平呈现不显著同方向变化的关系。

对我国1992～2010年投资者法律保护与上市公司价值关系的实证研究表明,我国投资者法律保护程度和上市公司价值正相关,即随着投资者法律保护程度的提高,股票市场的发展水平越高。

以上研究结论基本支持了本书在第一章的主要研究假设:第一,随着我国股票市场的发展,我国上市公司投资者法律保护的程度不断提高;第二,我国上市公司的股权集中度较高,但随着我国投资者法律保护程度的提高,我国上市公司的股权集中度呈现下降趋势;第三,我国的投资者法律保护程度越高,控股股东攫取的控制权私人收益水平越低,上市公司的代理成本越低;第四,我国投资者法律保护程度和上市公司价值正相关,即随着投资者法律保护程度的提高,股票市场的发展水平也得到提高。但是,控制权和所有权的分离度指标与控制权私人收益水平同方向变化关系的假设没有得到充分验证。

二、对策建议

综合分析本书的上述研究结论,不难发现各部分结论之间的逻辑联系及其所蕴涵的政策涵义。我国投资者法律保护程度较低导致了我国上市公司股权集中度较高,随着投资者保护水平的提高,上市公司股权集中度逐步下降;而较高的上市公司股权集中度意味着我国上市公司主要的代理成本是控股股东侵害中小股东利益、掠夺控制权私人收益,这将降低上市公司价值,阻碍股票市场发展。随着投资者法律保护程度的提高,控制权私人收益水平逐步下降,代理成本降低,有利于促进股票市场发展。而我国投资者法律保护程度和上市公司价值正相关的结论强化了这种认识。上述变量之间的逻辑关系意味着,为促进我国股票市场发展,应进一步完善投资者法律保护制度和提高执法效率,通过制度的创新和实施相应的政策抑制关联交易、虚假信息披露等控股股东获取控制权私人收益的手段。

(一)进一步完善投资者法律保护体系的建设

对我国投资者法律保护程度的测算结果表明,我国投资者利益保护的立法、监管制度措施、执行效率及综合得分都在不断提高,但国际比较的结果显示,我国投资者法律保护的水平仍然较低,这就意味着我国要促进股票市场发展,使其充分发挥在国民经济中资源配置的作用,就要摆脱"政策市"的惯常思维,大力加强中小投资者利益保护的制度建设,切实改善股票市场发展的根本制度性问题。

1. 从立法角度进一步强化对投资者的利益保护

从对我国投资者法律保护证券立法的测算结果看,在12项指标中除诉讼权、临时股东大会召集权等个别指标得分增加较明显外,其他指标得分的上升趋势较缓慢,尤其是无阻碍出售权,得分情况一直维持在零分状态。这就要求在投资者保护立法发面要进一步细化和加强《公司法》、《证券法》等投资者权利保护基本法中涉及这些权利的条款,适时出台配套法规、司法解释和实施细则。另外,参考国外做法,在条件成熟时制定实施《投资者保护法》,在现有投资者保护法律体系的基础上对投资者保护法律的立法专门化、系统化。

2. 进一步完善和强化证券监管制度

从对我国投资者法律保护的证券监管制度的测算结果看,除强化信息披露方面的得分上升趋势明显外,规范关联交易、打击内幕交易以及对中介机构虚假、纵容行为的惩罚措施等其他三项指标的得分提高幅度较小。这就意味着在证券监管制度的完善方面应加强在规范关联交易、打击内幕交易以及对中介机构虚假、纵容行为的惩罚措施等方面的制度建设。

3. 从私人诉讼和公共执法两个角度提高投资者保护的执法效率

从对我国投资者法律保护执法效率的测算结果看,我国涉及私人诉讼的法院执法权得分增长缓慢,而涉及公共执法的证监会执法权及执法次数得分增长较快。

在私人诉讼方面,自从2002年法院开始受理投资者个人就信息虚假陈述提起的民事诉讼和2003年放松了共同诉讼的要求外,目前还拒绝因内幕交易和市场操纵而引起的诉讼,集体诉讼的范围和强度仍然有限,这降低了在执法效率方面对投资者的保护力度。2008年,最高人民法院发布《关于查询、冻结、扣划证券和证券交易结算资金有关问题的通知》的司法解释,在审理和执行证券违法案件、保护投资者权益时的力度加强。今后应尽快出台相关的法规和措施,加强私人诉讼的范围和权力,提高从民事角度对投资者的利益保护。我国在涉及投资者法律保护的执法实践中长期存在的重视刑事责任、轻视民事的执法思维既不符合国际惯例,也不适应我国股票市场发展的需要,应当通过适当的法律措施细化危害中小投资者利益的民事责任,适时允许集团诉讼,这既有利于保证公正判决、节约诉讼成本和便利当事人诉讼,还可逐步引入派生诉讼制度,提高投资者法律保护的效率。

在公共执法方面,总体来看,证监会的执法力度和效率在不断提高和改善。这对提高投资者法律保护的力度至关重要,今后应进一步加强。

(二) 促进我国控制权市场的完善与发展

一个高效及适应股票市场规模的公司控制权市场有利于控制权的流动、抑制控股股东及公司管理者对中小投资者利益的侵占,也就是说,高效的控制权市场可以抑制控制权私利的水平,提高公司价值,促进股票市场发展。但是,如上文所述,我国公司控制权市场虽然发展速度较快,但总体水平较低,并且存在影响其健康发展的制度因素,如控制权交易方式单一,行政力量在控制权市场上扮演重要角色,大量存在内幕交易、市场操纵等。

在我国目前投资者法律保护体系尚不健全、投资者法律保护水平较低的背景下,完善相关政策措施、促进公司控制权市场对有效保护外部股东财产权利的意义十分重要。具体建议如下:

其一,限制行政干预作用。要正确定位政府在公司控制权市场中的角色和职能,在国有控股上市公司控制权转移中要更多、更有效地使用市场机制。

其二,完善控制权交易方式。在我国上市公司控制权交易方式中,大宗资产重组占主流,今后应在政策措施方面允许更多的市场化交易方式。

其三,从政策法规上鼓励控制权交易的市场化定价,限制行政因素在控制权交易定价中的作用。

其四,严厉打击公司控制权市场上的内幕交易、市场操纵等严重破坏控制权市场正常发展的现象。

(三) 从优化公司治理结构着手抑制控制权私人收益

公式治理是现代公司制度的核心内容,其终极目标是形成公司利益相关者的利益制衡机制，降低代理成本，使公司控制方能够以所有者或公司利益为行动的出发点。提高我国投资者法律保护程度、强化信息披露、规范关联交易等是规范上市公司控股股东行为、抑制其掠夺中小股东利益的根本制度保障。除此以外，优化上市公司的股权结构及治理结构也是抑制控股股东掠夺控制权私人收益的重要制度保障。通常的理解，投资者法律保护是从外部治理机制方面对投资者利益进行保护，而公司治理结构的优化是从内部对中小投资者利益进行保护，但在实践中公司治理结构的优化还需要从政策和监管层面加以规范，而不单单是公司的自发性的市场行为。

随着我国股票市场的发展，我国证券监管部门也意识到上市公司治理的优化对股票市场发展的重要意义，2002年，中国证监会与当时的国家经贸委联合发布实施《中国上市公司治理准则》，对我国上市公司的治理问题进行了较大规模的监督检查，取得了明显的效果①。但是，在我国上市公司治理中，仍然存在亟需解决和完善的问题。具体政策建议如下：

其一，对大量存在的国有控股上市公司，要重新定位政府角色，减少政府行政意识对上市公司市场化行为的干预，作为国有资产所有者代表的各级国有资产管理部门在处理上市公司事务时要遵循市场的基本规律，这就要求要进一步优化国有资产管理体制。

其二，从公司治理制度方面防范和约束关联交易。在已有

---

① 据2002年10月25日《财经时报》报道，该时期受到相关部门和机构查处、罚款等处理的上市公司近50家。

监管制度和措施①的基础上,进一步出台效力更强的管理办法和措施加强上市公司关联交易的信息披露的水平;完善独立董事制度,强化董事、监事、高层管理者的受托责任和法律责任。

其三,进一步出台措施完善上市公司的内控机制。2005年,根据《国务院批转证监会〈关于提高上市公司质量意见〉通知》,沪深证券交易所分别采取有关措施,制定上市公司内部控制指引,对上市公司的内部控制制度作出相关要求,但是,上述约束性文件只是以通知的形式出现,效力和约束性不强。

其四,促进公司控制权市场的发展。适应股票市场发展需要的、规范的、流动性强的公司控制权市场能够促进上市公司治理结构的优化和公司价值的提高及股票市场的发展,上文对此问题已有论述,在此不再说明。

其五,完善股权激励机制。2006年,证监会出台《上市公司股权激励管理办法》对上市公司股权激励的实施程序、信息披露进行了约束性规定和要求,把限制性股票和股票期权作为股权激励的形式。股权激励制度对完善上市公司治理结构、促使公司管理者利益与股东利益的一致有重要意义。在现有办法的基础上,应进一步研究我国上市公司治理结构的特点,制定更加合适的股权激励办法和措施。

三、本书研究的局限性及进一步研究的思考

对我国投资者法律保护程度与上市公司股权集中度之间

---

① 主要有财政部1997年颁布的《企业会计准则——关联方关系及其交易的披露》、2002年中国证监会与当时的国家经贸委联合发布实施《中国上市公司治理准则》。

关系的研究,由于涉及其他不确定因素度量的问题,只进行了在时间角度的简单对比,后续的研究应进行深入分析。

由于研究的篇幅限制及资料的获取难度,本书在研究我国投资者法律保护与上市公司股权结构、控制权私人收益及上市公司价值的关系时,只对投资者法律保护总体状况的影响进行了分析,而没有涉及投资者法律保护的具体指标的影响,从而所提政策建议的针对性就受到了限制,今后的研究应在这方面进行具体的拓展和深化。

对上市公司两权分离度与控制权私利的实证研究结果比较简单,由于本书的研究重点在于探讨我国投资者法律保护与股票市场发展的关系,故对该问题的研究没有作进一步的探讨。在实际研究中,相关数据库关于两权分离度数据的缺失也是研究此类问题的障碍之一。

参 考 文 献

[1] 白俊.股权结构及其治理绩效研究——基于上市公司股权分置改革的实证研究[M].上海:立信会计出版社,2010.

[2] 陈炜,孔翔,许年行.我国中小投资者法律保护与控制权私利关系实证检验[J].中国工业经济,2008(1).

[3] 陈小悦,徐晓东.股权结构、公司绩效与投资者利益保护[J].经济研究,2001(15).

[4] 陈晓,王琨.关联交易、公司治理与国有股改革——来自我国资本市场的实证证据[J].经济研究,2005(4).

[5] 邓德强,谭婕.控制权私人收益计算模型:剖析与应用[J].上海立信会计学院学报,2007(1).

[6] 韩德宗,叶春华.控制权收益的理论与实证研究[J].统计研究,2004(2).

[7] 洪修文.法律、投资者保护与金融发展[M].武汉:武汉大学出版社,2007.

[8] 侯宇,王玉涛.控制权转移、投资者保护和股权集中度——基于控制权转移的新证据[J].金融研究,2010(3).

[9] 胡海峰,李忠.我国资本市场投资者保护与上市公司价值研究[J].数量经济技术经济研究,2009(7).

[10] 胡汝银.中国资本市场的发展与变迁[M].上海:格致出版社,2008.

[11] 胡旭阳.上市公司控制权私人收益及计算[J].财经论丛,2004(5).

[12] 计小青,曹啸.股权集中度国内外研究述评[J].云南财经大学学报,2007(10).

[13] 卡塔琳娜·皮斯托,许成钢.转轨经济国家中证券市场的治理:来自中国的经验[M].北京:中信出版社,《比较》2005年第十九辑.

[14] 卡塔琳娜·皮斯托,许成钢.执法之外的机制——中俄金融市场的治理[M].北京:中信出版社,《比较》2002年第六辑.

[15] 卡塔琳娜·皮斯托,许成钢.不完备法律——一个概念性分析框架及其在金融市场监管发展中的运用[M].北京:中信出版社,《比较》2003年第三辑和第四辑.

[16] 林朝南.中国上市公司控制权私利影响因素的理论与实证研究.重庆大学博士论文,2007.

[17] 李维安,钱先航.终极控制权人的两权分离、所有制与经理层治理[J].金融研究,2010(12).

[18] 刘白兰,朱臻,李江涛.中国控制权私利的国际比较及影响因素分析[J].经济经纬,2009(4).

[19] 栾天虹,史晋川.投资者法律保护与所有权结构.财经论丛,2003(4).

[20] 陆瑶.激活公司控制权市场对中国上市公司价值的影响研究[J].金融研究,2010(7).

[21] 李文君.我国上市公司股权融资偏好研究——基于控制权成本收益的分析[M].北京:中国金融出版社,2010.

[22] 卢峰,姚洋.金融压抑下的法治、金融发展和经济增长[J].中国社会科学,2004(1).

[23] 毛淑珍,刘志远,乐国林.投资者法律保护与终极所有权结构关系研究[J].财贸研究,2010(6).

[24] 马忠.金字塔结构下终极所有权与控制权研究[M].沈阳:东北财经大学出版社,2007.

[25] 上海证券交易所研究中心.中国公司治理报告(2009):控制权市场与公司治理[M].上海:复旦大学出版社,2010.

[26] 沈艺峰,许年行,杨熠.我国中小投资者法律保护历史实践的实证检验[J].经济研究,2004(9).

[27] 石水平.控制权转移、超控制权与大股东利益侵占——来自上市公司高管变更的经验证据[J].金融研究,2010(4).

[28] 孙永祥,黄祖辉.上市公司的股权结构与绩效[J].经济研究,1999(12).

[29] 施东晖.上市公司控制权价值的实证研究[J].经济科学,2003(6).

[30] 王雪荣.上市公司控制权私人收益测度与影响因素实证研究[J].中国管理科学,2009(10).

[31] 魏刚.高级管理层激励与上市公司经营绩效[J].经济研究,2000(3).

[32] 唐宗明,余颖,俞乐.我国上市公司控制权私人收益的经验研究[J].系统工程理论方法应用,2005(12).

[33] 唐宗明,蒋位.中国上市公司大股东侵害度实证分析[J].经济研究,2002(4).

[34] 王鹏.俄罗斯和中国证券市场比较研究[J].西伯利

亚研究,2003(3).

[35] 王鹏.投资者保护、代理成本与公司绩效[J].经济研究,2008(2).

[36] 王力军.上市公司代理问题、投资者保护与公司价值[M].北京:经济科学出版社,2007.

[37] 王克敏,陈井勇.所有权结构、投资者利益保护与管理者行为控制[J].数量经济技术经济研究,2001(11).

[38] 魏明海,柳建华,刘峰.中国上市公司投资者保护研究报告(2006~2008)[M].北京:经济科学出版社,2010.

[39] 吴淑琨.股权结构与公司绩效的U型关系研究[J].中国工业经济,2002(1).

[40] 许新.转轨国家私有化模式比较[J].俄罗斯中亚东欧研究,2003(3).

[41] 小约翰·C.科菲.为转型经济创造一个监管者——捷克和波兰不成熟的经验[M].北京:中信出版社,《比较》2003年第三辑.

[42] 许永斌.中国上市公司控制权私有收益问题研究[M].北京:经济科学出版社,2008.

[43] 许文彬.我国上市公司控制权私利的实证研究[J].中国工业经济,2009(2).

[44] 徐莉萍,辛宇,陈工孟.股权集中度和股权制衡及其对公司经营绩效的影响[J].经济研究,2006(1).

[45] 许年行,吴世农.我国中小投资者法律保护影响股权集中度的变化吗[J].经济学(季刊),2006(3).

[46] 肖松.中小投资者保护与上市公司价值[J].经济科学,2010(2).

[47] 小约翰·科菲(John C. Coffee).美欧公司丑闻差异

的股权解释[M]. 北京:中信出版社,《比较》2006年第三辑.

[48] 姚燕. 上市公司控制权转移的财富效应——基于主并公司股权结构的分析视角[M]. 北京:经济科学出版社,2010.

[49] 叶康涛. 公司控制权的隐性收益——来自中国非流通股转让市场的研究[J]. 经济科学,2003(5).

[50] 俞红海,徐龙炳. 股权集中下的控股股东侵占与投资者保护综述[J]. 上海财经大学学报,2009(4).

[51] 曾康霖,黄平. 中东欧转轨经济国家股票市场制度研究[M]. 北京:中国金融出版社,2006.

[52] 张霜. 中国上市公司控制权转移与控股股东收益研究[M]. 北京:经济科学出版社,2009.

[53] 张维迎. 控制权损失的不可补偿性与国有企业兼并中的产权障碍[J]. 经济研究,1998(7).

[54] 周世成. 上市公司控制权私利、公司效率与金融发展[M]. 厦门:厦门大学出版社,2010.

[55] 赵中伟. 投资者法律保护、股权集中度与大股东行为[J]. 上海金融,2008(5).

[56] Aghion, Philippe, and Patrick Bolton. An incomplete contract approach to financial contracting [J]. Review of Economic Studie,1992,59:473－494.

[57] Aganin, A., P. Volpin. History of corporate ownership in Italy. Working Paper,2003. ECGI.

[58] Allen F. Law, finance, and economic Growth in China [J]. Journal of Financial Economics, 2005, (4):57－116.

[59] Bai, Chong-En, Qiao Liu and Frank M. Song, 2002, The value of private benefits: Evidence from an emerging market

for corporate control. Working Paper, University of Hong Kong.

[60] Anderson R. and D. Reeb. Founding-family ownership, corporate diversification, and firm leverage. Journal of Law and Economics, 2003, 46, pp. 653—684.

[61] Barclay, J. M., Holdderness G. C. Private benefits from control of public corporation. Journal of Financial Economics, 1989. 25:371—395.

[62] Bebchuk A. L, A rent-protection theory of corporate ownership and control. 1999. NBER. Working Paper 7203.

[63] Berle, Adolf and Gardiner Means. The Modern Corporation and Private Property [M], 1932, New York: MacMillan.

[64] Burkart, M., F. Panunzi. Agney conflicts, ownership concentration, and legal shareholder proteetion. Journal of Financial Intermediation, 2006(15):1—31.

[65] Castillo, R., S. Skaperdas. All in the family or publie? Law and appropriative costs as determinants of ownership strueture. Eeonomics of Governanee, 2005(6): 93—104.

[66] Chang, S., and D. Mayers. Who Benefits in a negotiated block trade? Unpublished paper. University of California at Riverside. 1995.

[67] Cheffins, B. Does law matter? The se Paration of ownership and control in the United Kingdom, Journal of Legal Studies, 2001, 30: 459—484.

[68] Coffee, J. C. Privitization and corporate governance: The lessons from securities market failure, Journal of Corporation

law, 1999, vol. 25:1—39.

[69] Coffee, J. C. The rise of dispersed ownership: The role of law in the separation of ownership and control. SS—RN Working Paper, 2001, No. 254097.

[70] Coase, R. H. The problem of social cost. Journal of Gaw and Economics, 1960, Vol. 3, 1—44.

[71] Claessens, S., and S. Djankov. Enterprise performance and management turnover in the Czech RePublie. Euopean Economic Review, 1999. 43, 1115—1124.

[72] Claessens, S., S. Djankov, J. Fan and L. Lang. Disentangling the incentive and entrenchment effects of large shareholdings[J]. Joumal of Finance, 2002, 57: 2741—2771.

[73] Claessens, S. and L. Laeven. Financial development, property rights, and growth. Journal of Finance, 2003, 58, 2401—36.

[74] Claessens, S. and L. Laeven. Financial sector competition, finance dependence, and economic growth. *Journal of the European Economic Association*, 2004.

[75] Coffee, J. C. Privatization and corporation governance: The lessens from securities market failure. Working Paper, 1999.

[76] Denis, Diane K., and John J. McConnell. International corporate govemanee[J]. Journal of Finaneial and Quantitative Anaiysis, 2003, 38(1):1—36.

[77] Demsetz, H., Lehn, K. The structure of corporate ownership: Cause and consequence [J]. *Journal of Political Economics*, 1985, 93: 1155—1177.

[78] Doidge, C. U. S. Cross-listings and the private benefits: Evidence from dual-class firms. Journal of Financial Economics, 2004. 72: 519—553.

[79] D, Mihir, Alexander, Dyck and Luigi, Zingales. Corporate governance and taxation. Working Paper, 2004.

[80] Djankov, E. Glaeser, R. I, a Porta, and F. Lopez-de-Silanes, and A. Shleifer. The new comparative economics. Journal of Comparative Economics, 2003.

[81] Dyck, A. and Zingales, L. Private benefits of control: An international comparison. Journal of Finance, 2004, 59:537—600.

[82] Edwards, J. and Weichenrieder, A. Ownership concentration and share valuation: Evidence from germany. Working Paper, 1999.

[83] Fama, E. and M. Jensen. Agency problems and residual claims. Journal of Law and Economics, 1983, 26.

[84] Glaeser, E., D. Laibson, J. Scheinkman and C. Soutter. Measuring trust. Quarterly Journal of Economics, CXV, 2000, 811—846.

[85] Glaeser, Edward, Simon Johnson, and Andrei Shleifer. Coase vs. Coasians. Quarterly Journal of Economics, 2001, 116, 853—899, Nov.

[86] Grosfeld Irena. Iraj Hashi. The Emergence of Large Shareholders in Mass Privatized Firms: Evidence from Poland and the Czech Republic, 2004.

[87] Grossman, S. J. and O. Hart. Takeover bids, the free-rider problem, and the theory of the corporation. Bell

Journal of Economics, 1980, 11, 42—64.

[88] Grossman, S. J. and O. Hart. The cost and benfits of owership: A theory vertical and lateral integration. Journal of Political Economy, 1986, 94, 691—719.

[89] Hannes, Sharon. Private benefits of control, anti-takeover defenses and the Perils of federal intervention. SSRN Working Paper, 2006.

[90] Hanouna, Paul, Atulya Sarin and Alan C. ShaPiro. Value of corporate control: Some intenational evidence. working paper, 2001, 1—4, University of Southern Califomia.

[91] Harris, Milton and Artur Raviv. Corporate govenance: Voting rights and majority rules [J]. Joumal of Finaneial Eeonomics, 1988, 20:203—235.

[92] Hart O. Firms, Contracts and Financial Strcture. Oxford: Oxford University Press, 1995.

[93] Hartzell, Jay, Eli Ofek, and David Yermack. What's in it for me? CEO's whose firms are acquired. Review of Financial Studies, 2004, 17,37—61.

[94] Himmelberg, Charles P., Hubbard, R. Glenn and Love, Inessa. Investor protection, ownership, and the cost of capital. Policy Research Working Paper Series 2834, The World Bank, 2002.

[95] Holmen, M., and P. Hogfeldt. A law and finance analysis of initial public offerings. Journal of Financial Intemediation, 2004. 13. 324—358.

[96] Grossman, S. J. and O. Hart. A survey of blockholders and corporate control. Economic Policy Review,

1980, 9(1), 51—64.

[97] Jensen M. C. and William H. Meckling. Teory of the firm: Managerial behavior, agency costs and ownership structure. Journal of Financial Economics, 1976, 3(4): 305—360.

[98] Jensen, M. Agency costs of free cash flow. corporate finance and takeovers. American Economic Review, 1986, 76, 323—329

[99] Johoson, Simon, Rafael La Port, Florencio LoPez-de-Salines, and Andrei Shleifer. Tunneling[J]. American Economic Review, 2000, 90(2): 22—27.

[100] Kuznetsov, P. and Muravyev, A. Owership Concentration and Performance in Russia: The Case of Blue Chips of the Stock Market, 2001. Eurasia foundation's economics education and research consortium-Russia program, No. 98—219.

[101] La Porta, Rafael, Lopez-de-silanes, Florencio, Shleifer, Andrei, and Vishny, Robert. Legal determinants of external finance. The Journal of Finance, 1997, 52, 1131—1150.

[102] La Porta, Rafael, Lopez-de-silanes, Florencio, Shleifer, Andrei, and Vishny, Robert. Law and finance. Journal of Political Economy, 1998, 106, 1113—1155.

[103] La Porta, R., Lopez-de-Silanes, F., Shleifer, A., Vishny, R. The quality of government. Journal of Law, Economics and Organization, 1999, 15, 222—279.

[104] La Porta, R., Lopez-de-Silanes, F., Shleifer, A.,

Vishny, R. Investor protection and corporate valuation. NBER Working Paper 7403, 1999

[105] La Porta, R. , Lopez-de-Silanes, F. , Shleifer, A. Corporate ownership around the world. The Journal of Finance 54, 1999, 471—517.

[106] La Porta, Rafael, Lopez-de-silanes, Florencio, Shleifer, Andrei, and Vishny, Robert. Investor protection and corporate governance. Journal of Financial Economics 58, 2000, 3—27.

[107] La Porta, Rafael, Lopez-de-Silanes, F. , Shleifer, A. , Vishny, R. Agency problems and dividend policies around the world. The Journal of Finance 55, 2000, 1—33.

[108] La Porta, Rafael, Lopez-de-silanes, Florencio, Shleifer, Andrei, and Vishny, Robert. Investor protection and corporate valuation. The Journal of Finance, 2002, 1147—1170.

[109] La Porta, Rafael, Lopez-de-Silanes, F. , Shleifer, A. , Vishny, R. What works in securities laws? The Journal of Finance, 2006, 11—32.

[110] Lemmon, M. L. , and K. V. Lins. Ownership structure, corporate governance and firm value: Evidence from the East Asian financial crisis. Journal of Finance 58, 2003, 1445—1468.

[111] Mikkelson, W. , and H. Regassa. Premiums paid in block transactions. Managerial and Decision Economics, 1991. 12. 511—517.

[112] Morck, R. , Shleifer A. , and R. Vishny.

Management ownership and market valuation: An empirical analysis. Journal of Financial Economics, 1988. 20. 293—315.

[113] Morck Randall, Daniel Wolfenzon, and Bernard Yeung. Corporate governance, economic entrenchment and growth. Working Paper, 2005

[114] Morck Randall, and Bernard Yeung. Dividend taxation and corporate governance. Journal of Economic Perspectives, 2006.

[115] Modigliani, Franco and Merton Miller. The cost of capital, corporation finance, and the theory of investment. American Economic Review 48, 1958, 261—97.

[116] Neal, L. *The Rise of Financial Capitalism*, Cambridge: Cambridge University Press, 1990.

[117] Nenova, T. The value of corporate votes and control benefits: A cross-country analysis. Journal of Financial Economics 68, 2003, 325 - 351.

[118] Nichell, S., D. Nicolitsas, and N. Dryden. What makes firms perform well? European Economic Review, 1997, 41. 783—796.

[119] Nicodano, Giovanna and Alessandro Sembenelli. Private benefits, block transaction premiums and ownership strueture. Intenational Review of Financial Analysis 13, 2004, 227—244.

[120] North, Douglas C. and Robert P. Thomas. The Rise of the Western World: A New Economic History. Cambridge: Cambridge University Press, 1973.

[121] North, D. C. Structure and Change in Economic

History. New York: Norton, 1981.

[122] North, D. C. Institutions, Institutional Change and Economic Performance. Cambridge: Cambridge University Press, 1990.

[123] Novak, M. The Catholic Ethic and the Spirit of Capitalism, New York: The Free Press, 1993.

[124] Olson, M. The Logic of Collective Action, Cambridge: Harvard University Press, 1965.

[125] Pistor, K. Patterns of legal change: Shareholder and creditor rights in transition economies. European Bank for Reconstruction and Develoment Working Parper No. 49, 2000.

[126] Porter, M. Capital disadvantage: America's falling capital investment system. Harvard Business Review 46, 1992, 65—72.

[127] Portes, A. Social capital: Its origins and application in modern sociology. Annual Review of Sociology, 1998, 1—14.

[128] Putnam, R. Making Democracy Work: Civic Traditions in Modern Italy. Princeton: Princeton University Press, 1993.

[129] Qian, Yingyi. The Institutional Foundations of China's Market Transition. Stanford University Working Paper, 1999.

[130] Qian, Yingyi. How reform worked in China. University of California, Berkeley, Working Paper, 2001.

[131] Rajan, R. and L. Zingales. Financial dependence and growth. The American Economic Review, 1998, 88, 559—

586.

[132] Rajan, Raghuram and Luigi Zingales. The great reversals: The politics of financial development in the 20 th century. NBER Working Paper, 2002.

[133] Rajan, Raghuram and Luigi Zingales. The emergence of strong property rights: Speculations from history. NBER Working Paper 9478, 2003.

[134] Robinson, Joan. The generalization of the general theory. In The Rate of Interest and Other Essays, London, Macmillan, 1952, 67—142.

[135] Roe, M. Political preconditions to separating ownership from corporate control. mimeo, Columbia Law School, 1999.

[136] Schumpeter, J. A. Theorie der Wirtschaftlichen Entwicklung. Leipzig: Dunker & Humblot, 1912. [The Theory of Economic Development, 1912, translated by R. Opie. Cambridge, MA: Harvard University Press, 1934.]

[137] Shirai, Sayuri. Is the equity market really developed in the People's Republic of China? Working Paper, 2002.

[138] Shleifer, Andrei, and Robert W. Vishny. Large shareholders and corporate control. Journal of Political Economy, 1986, 94: 461—488.

[139] Shleifer A. & Wolfenzon D. Investor protection and equity market. Working Paper, Cambridge, MA: Harvard University, 2000.

[140] Solow, Robert M. Trust: The social virtues and the creation of prosperity (Book Re-view). The New Republic,

1995,213,36—40.

[141] Stepanov, S. Investor protection, ownership strueture,and separating control from cash flow rights. Working Paper,2003,ECARES.

[142] Stigler, G. The theory of economic regulation. Bell Journal of Economics and Management Science, 1971, 2: 3—21.

[143] Stulz, R. Globalization, corporate finance and the cost of capital. Journal of Applied Corporate Finance, 1999, 12. 8—25.

[144] Stulz, René. Managerial control of voting rights: Financing policies and the market for corporate control. Journal of Financial Economics 20, 1988, 25—54.

[145] Stulz and Williamson. Culture,openness and finance. Journal of Financial Economics, 2003, 313—349.

[146] Tobin, James. On the efficiency of the financial system. Lloyd's Banking Review 153, 1982, 1—15.

[147] Weber, M. The Protestant Ethic and the Spirit of Capitalism. New York: Harper Collins, 1930.

[148] Weinstein, D., Yafeh, Y. On the costs of a bank-centered financial system: Evidence from the main bank relations in Japan. Journal of Finance 53, 1998, 635—672.

[149] Weitzman, Martin, and Xu Chenggang. Chinese township village enterprises as vaguely defined cooperatives. Journal of Comparative Economics, 18, 1994, 2, 121—145.

[150] Young, Crawford. The African Colonial State in Comparative Perspective. Connecticut: Yale University Press,

1994.

［151］Zingales, Luigi. The value of the voting right: A study of the Milan stock exchange experience［J］. Review of Financial Studies 7: 125—148, 1994.

［152］Zingales, Luigi. What determines the value of corperate votes? Quarterly Jourterly Economics 110, 1995, 1047—1073.

［153］Zingales, Luigi. Inside owership and the decision to go public. Review of Economic Studies 62, 1995, 425—448.

［154］Zingales, L. Insearch of new foundations. Joumal of Finance 55, 2000, 1623—1653.

致　　谢

　　博士毕业论文即将完成之时，回顾几年艰辛的学习历程，颇多感慨。俗话说"人到四十不学艺"，在年届四十、人到中年之时能够完成博士的学习任务，其中的甘苦与艰难仍然历历在目。但值得欣慰的是，在这些年的求学过程中遇到了许多学养深厚、治学严谨、人品高洁的老师，收获颇多，受益终生。

　　首先要感谢的是我的导师刘惠好教授。我的毕业论文从构思、选题到论文的撰写、修改、定稿都得到了刘老师的悉心指导和热情的帮助。尤其是在对毕业论文修改过程中，刘老师对论文内容细致、周密的订正与耐心的解释使我深受教益。刘老师严谨的治学态度、高尚的为人风范和渊博的学识将是我今后学习和工作的榜样。恩师的言传身教使我受益匪浅，这份深厚的师生情谊将会一直伴我前行。另外，在论文开题和写作过程中，得到了朱新蓉教授、宋清华教授、唐文进教授、刘冬姣教授、张金林教授、黄孝武教授、陈红教授等老师的指导，在此表示感谢。在论文的开题时，与室友林欣博士的讨论也给予我一些启发；在撰写博士论文期间，为获得相关论文数据，得到了同门师弟、湖北经济学院教师熊劼的大力帮助和热情接待。在此一并表示感谢。

最后，感谢我的妻子与儿子对我完成博士学习任务的支持与奉献，家庭的温暖与支持是我学习的动力。

本书获洛阳理工学院学术著作基金与博士启动基金资助。

马　腾

2011 年 11 月